少しの工夫で変わる！

気になる子が過ごしやすくなる

保育の環境構成

守巧 編著

中央法規

はじめに

　筆者はこれまで、さまざまな園を訪問してきました。その多くは、気になる子※への対応に困っている園です。気になる子をみてみると、友だちとのトラブルが絶えなかったり、遊びがみつからず保育室内をウロウロしていたり、一斉での活動中に勝手に席を離れたり……。多くの保育者は、子どものそのような姿に対して、どう支援したらよいのか悩み、どうにかしてその子を"変えよう"とします。

　しかし！　その子を変えようとする前に、保育の環境を見直してみませんか？　もしかしたら、トラブルを誘発するような保育室だったり、落ち着いて遊んだり保育者の話を聞いたりすることが難しい保育室だったりするのかもしれません。

　もちろん、気になる子の「特性」の問題もあります。でも、もし、あなたが「頑張っているのに、子どもの姿に変化がない。自分がやっていることに手ごたえがない……」と感じているのであれば、環境が子どもに合っていないのかもしれません。

　保育者の多くは、気になる子を前にすると、気になる子や気になる行動に焦点を当てて考えがちです。その考えは間違っていませんが、焦点化しすぎると、時として注意や叱責といったことが多くなります。

　気になる子を気にしつつ、保育の環境に目を向けてみませんか？　本書は、気になる子を中心に取り上げていますが、クラスにいるすべての子どもにとっても効果がある環境を取り上げています。ここでいう効果とは、過ごしやすく、居心地がよい状態のことです。

そこで、本書では、気になる子にとって効果がある環境がみなさんに伝わりやすいよう、以下のような工夫をしました。

1 実際の保育現場のアイデアがたくさんつまった写真を使用する「見える化」

2 工事を伴う大掛かりな変更ではなく、保育者が少しの工夫でできる環境づくり

3 気になる子はもちろん、どの子どもにとっても効果があるインクルーシブな保育環境

保育室の広さ、机や椅子の大きさや数、人員配置などは、各園によって違います。そこで、ぜひ本書を参考にしてアレンジを加え、子どもの状態によって定期的に検討してください。

さあ、どの子にとっても笑顔あふれるインクルーシブな環境を目指しましょう！

2024年4月

守 巧

※本書における「気になる子」とは、「発達障害の診断の有無にかかわらず細やかな配慮や支援、あるいは観察が必要な子ども」を指します。

CONTENTS

第3章　気になる子が過ごしやすくなる園環境の＋α

編著者・執筆者一覧

第1章

気になる子が過ごしやすくなる

園環境とは

1 気になる子の行動と園環境

気になる子の行動の背景

　幼稚園・保育所等で「気になる子」が増えてきていると言われて久しくなります。気になる子の多くは、落ち着かなかったり、友だちとのいざこざが絶えなかったり、一斉での活動中でも勝手に保育室から出ていってしまったりといった行動を示します。

　保育者が保育中に「どうしてこういうことをするの？」「どのようにかかわったらよいの？」など、子どもの行動が理解できなかったり、どのような支援をすればよいのかわからなかったりします。

　では、この気になる子の行動には、どのような背景が考えられるのでしょうか？（図1-1）

図1-1　保育者が気になると感じる子どもの行動の背景

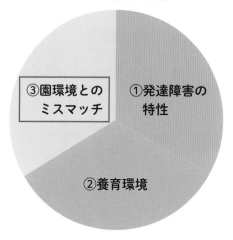

　保育者が気になると感じる子どもの行動の原因は、大別すると3通り考えられます。

　ただし、それぞれが均等な割合で存在しているわけではありませんので、注意してください。

　まずは、「①発達障害の特性」です。本書は、園環境に焦点を絞っているため、ここでは発達障害の症状などの詳細は取り上げません。

　次に、「②養育環境」です。子どもを育てる環境の悪化です。主に、生活リズムや生活パターンが大人中心になっている家庭が増加し、子どもの生活リズムが乱れていることが予想できます。また、子育てにおいて身近に相談できる人がいないことから、独自の子育てをしていることが考えられます。

最後に「③園環境とのミスマッチ」です。ここでいう「園環境」は、人的環境と物的環境の2つが考えられます。人的環境や物的環境と子どもの特性とが合っていないために、保育者が問題と感じる行動を子どもがとってしまう状態です。子どもにとって魅力を感じられない環境や集中しにくい環境で、子どもの「やりたい！」を園環境が叶えてあげられていないということが予想できます。

本書は、この「③園環境とのミスマッチ」に焦点を当てます。

ほかの子どもと比べて"もともと"個性的な遊びを好んだり、ちょっとした刺激でもすぐに反応したりするタイプの子どもがいるとします。しかし、"もともと"そのような特性があったとしても、それを"誘発"しない環境が求められるのではないでしょうか？　さらに、おもちゃが少なかったり、遊んでいるコーナーがわかりづらかったりすることで、クラス全体が集中して遊ぶことができないことも考えられます。あるいは、どのように片づけてよいのかわからないことから、躊躇して遊ばない子どももいます。

このように、環境が子どもに与える影響はとても大きいことがわかります。

●環境の見直しと「個」の支援

気になる子がクラスにいる場合、どうしても「気になる子をどう支援したらよいか？」といった「個」に対する支援を重点的に検討しがちです。

もちろん、「個」の支援は大切です。しかし、気をつけたいのは、「個」の支援に着目しすぎるあまり、「子どもを変える」「子どもを『保育者が考える通常』に近づける」といった支援になることです。そうなると、どうしても子どもに対しての強制や叱責が多くなってしまいます。すると、その結果、保育者―気になる子の双方の関係が悪くなってしまいます。保育者は気になる子との関係性を振り返るとともに、自分がなぜ「気になるのか？」を言葉で表現できるようにしましょう。

落ち着きがない子どもがクラスにいた場合、落ち着きがない子どもをどうするかを考えがちです。しかし、「個」の支援の前に「環境」に注目してみましょう。先述した通り、園の環境には人的環境と物的環境があります。クラスにある人的環境は、保育者だけではありません。他児も人的環境に含まれます。心を許せる友だちや笑い合える友だちの有無も気になる子への心身に影響を与えます。保育者は「気になる子―保育者」「気になる子―他児」の関係性を念頭に置いて保育をしましょう。

一方で筆者の感覚では、気になる子の姿を人的環境の側面からとらえられる保育者は多いように思います。どうやら物的環境、特に保育室の環境から気になる子の姿をとらえることは難しいようです。実は、保育室が「落ち着かなくなるような環境」になっている場合は多々あります。そのような場合、まずはクラス全体が落ち着くような環境を目指します。そして、みんなが落ち着いていくと、今度は「個」に着目する時間が確保できるため、「個」にかかわります。

このように気になる子への支援を検討するには、環境の見直しは欠かせません。また、環境の見直しは、自由での遊びの時間だけではなく、一斉での活動の時間でも必要となります。

　つまり、保育者が保育室内外の環境に目を向けるだけでも、気になる子への支援が有効になります。そして何より、環境の見直しは、クラスにいるすべての子どもたちにとっても意味のあることで、保育の質向上によい影響を与えます。

　このような理由から、本書では、物的環境に着目していきます。

園環境の役割

●子どもたちにとっての園という場所

　子どもたちにとって園はどのような場所なのでしょうか。それは、「楽しい場所」「やりたいことができる場所」だと思います。そのような場所だからこそ、子どもは笑顔で登園してきたり、心が弾んだりします。

　もちろん、園では、楽しくおもしろいことばかりではありません。ときには、友だちとけんかをしたり、我慢をしなければならなかったりなど、さまざまな葛藤があります。それでも、子どもたちは、そのような経験からいろいろなことを学び、身に着け、「それでも行きたい！」と思って登園します。子どもたちは、嫌なことがあっても自分にとって必要な出来事だと感じているからこそ、葛藤に向かっていくのです。

　保育者であれば、園生活において「楽しい！」「うれしい！」「くやしい！」を全身で受け、そのような体験からでしか得られないことを身につけている場面に接することがあるのではないでしょうか。そのような時間は、子どもにとって充実し、満足感がある時間になっているのです。保育者や仲間と支え・支えられながら発達を促してくれる、とても貴重な体験なのです。

●伸びゆく力を動かす

　実は、このような満足感が得られる園生活には、その前提となる環境が必要になります。それは、育っている（育ってきている）ものを生かすことができたり、働かせることができたりする環境です。

　保育の基本は、「環境を通して行う保育」です。子どもは、興味・関心がある環境に自発的に働きかけていきます。自分のなかで育っている（育ってきている）ものを働かせて環境にかかわり、その環境から得られたものを自分の世界に取り込んでいきます。この繰り返しが子どもの成長には欠かせません。

　たとえば、思うように肩を動かすことができてきた子どもは、たとえ食事の時間であっても"食具"を投げようとしますし、文字が読めるようになった子どもは、「たけしの"た"は、

たけのこの "た" と一緒」といった共通した文字を探したりします。

　このように子どもたちは、自分のなかで育ってきている力を外の世界との関係のなかで活用しようとします。そして、子どもたちは、このことがうれしく、新しいことができていく体験が喜びとなっているのです。

●安心が感じられる環境に

　このような体験ができるためには、子どもたちのなかに育っている（育ってきている）力を十分に発揮することができる環境が求められます。このような環境は、気になる子や定型発達の子どもを問わず、すべての子どもに求められます。

　保育室が、どのように遊んでよいのかわからなかったり、手にとりたいおもちゃがなかったりする環境だと、どの子どもでも不安な気持ちや緊張感を抱きます。このような保育室の場合、思うように自分のもてる力を働かせることができません。

　実は入園したばかりの子どもたちはみな、このような気持ちを抱いています。少しずつ保育者との関係を築きながら、保育室などの園環境に慣れていき、安心できる保育者の近くで遊ぶようになっていくのです。そして、徐々に周囲の友だちやおもちゃなどに目を向け、世界を広げていきます。

　こう考えると、安心して生活できることが保育の基本といえます。気になる子は、ほかの子どもと比べて環境に慣れるまでに時間がかかります。さらに、興味・関心が独特だったり、遊び方がほかの子どもと違ったりすることから、保育室のなかで居場所が見つからないことが多々あります。

　そのため、気になる子がいるクラスの環境は、安心を最優先にして整えることが必要なのです。

気になる子が安心できる環境

●気になる子の不安

　もう少し掘り下げて、気になる子が置かれている状況を考えてみましょう。気になる子が抱えている疑問やそこから生じる不安をみてみましょう。

- ・ここのお部屋は、いつまでいればよいのだろう？
- ・自分はこのお部屋のどこにいればよいのだろう？
- ・他のお部屋に行ってもよいのかな？
- ・「あさがお組さんはここ！」と言われたけど、あさがお組さんって僕のことなのかな？

　このような疑問や不安がいっぱいです。保育者は、気になる子が不安を抱えやすいことを念頭に置きながら、安心を感じる環境構成を目指していきましょう。気になる子の行動を見て支援を考える際には、保育室の環境もあわせて検討するようにするとよいでしょう。

●子ども一人ひとりに目を向ける

　環境調整の対象者は、「すべての子ども」です。クラスにいる子どもたち全員が、自分の能力を最大限に発揮できる環境を整えます。

　しかし、ときとして環境を整えても、気になる子が保育室などの環境に馴染めないことがあります。そのようなときは、その子の強みを見つけ、育んでいくことを大切にします。

　ここでいう強みとは、得意なことや好きなこと、できることです。できれば、「その子らしさ」が感じられることが望ましいです。強みは、必ず環境調整の「ヒント」になるとともに、支援のあり方を考える際の指針になります。

　気になる子は、本人の「やりたい！」という気持ちはあるものの、自分一人で解決することが難しいです。たとえば、以下のような状態です。

- ・集中して遊びたいけど、周りが気になって遊べない
- ・保育者の話を聞きたいけど、友だちの声や保育者の立ち位置の後ろが気になって聞けない
- ・早く衣服を着たいけど、友だちの服と自分の服が混ざったり、部屋が狭かったりして時間がかかる

　このように、「○○がしたいけど、○○だからできない」ということが、園生活のなかではたくさんあります。また、「困っていること」を保育者に伝える言葉がわからなかったり、

そもそも「困っている」状態を自覚できていない子どももいます。

　このような理由から、環境調整では、気になる子は何を求めていて、どうしたいのか？を察することが求められます。

　ここで注意が必要なことがあります。それは、「察すること」と述べましたが、保育者が心や時間に余裕がない場合、「当てはめ・決めつけ」で察したつもりになってしまうことです。

　保育者は、気になる子の表情やしぐさ、言葉などを丁寧な観察から探っていくとよいでしょう。

1　気になる子の行動と園環境

2 ## 環境構成のポイント

園環境の充実で指示・注意を減らす

　改めて、園環境を構成することについて考えてみましょう。園環境を充実させると、子どもたちの豊かな経験を保障することができます。また、園環境を充実させると、保育者の言葉かけが少なくなります。

　気になる子のなかには、危険な行為をする子どもがいます。そうなると、どうしても本人への注意・叱責が多くなってしまいます。

　たとえば、見通しがよい直線の廊下があると「走りたい！」という気持ちが強くなって、走ってしまいます。

　では、「見通しがよい直線の廊下」の間に適宜観葉植物を置いたらどうなるでしょうか。観葉植物によって気になる子の行動にブレーキがかかり、走るという行為が減少するでしょう。

　また、動きやすい動線やわかりやすい掲示があったら、気になる子をはじめ、クラスの子どもたちはどうなるでしょうか。主体的に行動することができ、自分たちで生活を組み立てていくことができます。

　このように、環境構成を充実させると、不必要な指示や注意が減り、逆に保育者のゆとりと笑顔を増やします。

> **環境構成の充実** **ゆとりと笑顔の増加**

　不必要な指示や注意が減るメリットは、保育者側のメリットではなく、気になる子のメリットにもなります。

　気になる子のなかには、聴覚の過敏さをもっている子どもがいます。保育者による「どうして○○するの！？」「何回言えばわかるの！？」といった繰り返される言葉かけは、不快な感情を想起するきっかけになったり、かえって興奮をあおったりすることが予想されます。さらに、これは子ども全般にいえることですが、「してはいけないこと」を集中して繰り返し言われると「繰り返してしまう」傾向があります。

図1-2　不要な指示や注意

子どもがかかわりたくなる環境を整える

　子どもたちは、自発的に環境にかかわっていきます。子どもたちには、「触りたい！」「やってみたい！」といった好奇心が原点にあります。そこには、「もっと知りたい！」「もっと触りたい！」「もっとやってみたい！」という気持ちがあります。

　保育者は、この「もっと！」という気持ちを受け止めましょう。そして、繰り返される「もっと！」こそが、学びの連続性です。学んだことを次に生かし、また新たな発見をする。こうして、子どもは遊びを深めていき、学びが充実していきます。

　その学びを支えるのは、保育者です。保育者は、子どもたちの環境へのかかわり方や反応を観察し、その子への理解を深めていきましょう。そのうえで、「もっと！」が繰り返されるようなかかわりたくなる環境を整えます。

　関わりたくなる環境とは、以下のような環境です。

・安心して過ごせる環境（必要以上に刺激がない環境）
・少し頑張れば、クリアできる環境（わくわく・ドキドキがある遊び）
・見通しがもてて、整えられた環境（視覚化されて整理整頓がされた環境）

手作りする

　環境構成を工夫する際には、「なるべくお金をかけない」を目指します。「ほしいけど、高くて買えない」「買いたいって園長先生に伝えているのですが、なかなか許可がおりなくて……」

といった発言をよく耳にします。

　費用面については、園によって抱えている事情や方針が異なります。したがって、担任（担当）保育者が必要性を感じているからといって、欲しいものがすぐに購入できるわけではありません。

　そこで、お金をかけないで見栄えがよく、しかも効果的な環境を検討します。材料や道具を購入するお店には多様な選択肢がありますが、特におすすめなのは、100円均一のお店です。今は、どこの100円均一のお店でも品ぞろえが豊富で、「これが100円！？」と驚くぐらい質がよく、おしゃれな商品があります。

　もちろん、色々なお店をまわり、より安く、質の高いものを探すことがベストです。しかし、現実的に多忙を極めている保育者がそのような行動ができるかどうかというと限界があるように思います（もともとそのような"行為"が好きな保育者は別です）。そこで、同僚保育者と材料やお店の情報を交換しながら、楽しく環境構成を検討するとよいでしょう。

　市販されている物のなかには、子どものサイズなどの実態と合っていないものもあります。この意味でも、手作りをしてみるのはよいでしょう。作るものにもよりますが、4、5歳児になると自分たちで作ることもできます。

　たとえば、パーティションがよい例です。市販の物は、高さや作りが同じなので実態に合っていないことが予想されます。子どもたちの身長に合わせた微妙な高さや幅のものを希望するのであれば、材料を購入して自分たちで作るに限ります。段ボールに子どもたちが色紙を貼ったり、絵を描いたりして製作すると、子どもたちは「自分たちの物」と愛着がわき、大切に使ってくれます。

即効性がある環境をめざす

　気になる子の気になる行動が多くなって、園環境を調整する必要が出たとします。気になる行動が多くみられるようになったときは、その子が"とても"困っているときでもあります。つまり、保育者が調整する必要性を感じたときは、それまでの園生活において、気になる子の「困った」「わからない」が一定量蓄積した"後"なのです。

　そのため、調整してから効果が出るまで時間がかからないようにしましょう。できる限り調整して、その環境に慣れてきたときに、すぐに効果が出る、そのような環境をめざします。

　たとえば、「食事の際に姿勢が崩れてしまい、食事がなかなか進まない」といった場合を考えてみましょう。どのような環境調整が必要でしょうか。

・足の裏が床に届いていないので、牛乳パックで足をのせる台を作って置く。
・ひじかけがある椅子に交換をする。
・座る感覚がわかるように足元に足つぼマットを敷く。

これらの調整が求められます。即効性があり、なじみやすく、子どもが手ごたえを感じられる環境がよいでしょう。

「見てわかる！」を意識する

保育者の言葉かけを減らすために、子どもたちだけで行動できるような環境をつくるとよいでしょう。

気になる子がクラスに「いる」「いない」にかかわらず、クラスをつくる初期段階である新学期は、「見てわかる！」を保育室に多めに取り入れていきます。

たとえば、朝の会・帰りの会といった時間で、体育座りをするとします。朝の会・帰りの会は、毎日といってよいほどする活動です。このほぼ毎日する活動ほど、「見てわかる！」を意識して環境を調整します。

体育座りをするということは、座る場所が固定されていないため、自由度が高い座り方になります。クラスや集団ができていない時期に自由度が高い場所に座らせると、座る場所を選ぶことに時間がかかったりします。このような状況では、クラス全体が落ち着かなくなっていきます。場合によっては、身体接触が原因となって「踏んだ」「踏んでいない」といったトラブルが発生するかもしれません。「好きに座っていいよ」と言われながら「そこは遠すぎでしょ」と言われてしまうことも…。

そこで、床に（ある程度の）座る範囲がわかるようにビニールテープを貼ります。すると子どもたちは、保育者から細かい指示を受けることなく、ビニールテープの枠の中で座ることができます。

毎日する活動は、緊張や不安をできるかぎり取り除き、どの子にとっても安心してすごすことができる環境にします。

　ここで1つ、ポイントがあります。それは、「定着してきたら、ビニールテープをはがすこと」です。1年間貼り続ける必要は、まったくありません。年齢や集団の育ちにもよりますが、白いビニールテープが黒ずんできたり、端がはがれてきたりしたら、はがす時期です。

　子どもたちの様子を見て「はがしても大丈夫」と感じたらはがしてください。ただし、はがしたことで、気になる子が困っている表情を浮かべていたら、もう一度新しいビニールテープを貼るとよいでしょう。

動線を徹底的に考える

　「いつまでたっても朝の支度に時間がかかって、結局注意してしまうんです…」と悩んでいる保育者は多いのではないでしょうか。支度をする気持ちがあっても目に入るものに気が散って、なかなか進まない。朝はスムーズに遊びはじめてほしいのに、毎日、支度に時間がかかるので、どうしてよいものか、と悩んでしまう。

　たとえば、以下のような状態から、支度が中断しているのかもしれません。

・「コップ掛け」に行くまでに友だちが遊んでいるブロックに興味が移り、一緒に遊び出す。
・出席ノートにシールを貼って戻ってくる途中で虫かごのカブトムシを見入る。
・外履をテラスの靴箱に入れに行ったらそのまま座り込み、園庭で遊んでいる友だちを眺めている。

　これらの行動は、1つのことをするための移動距離が長いことが原因として考えられます。動線が長いとそれだけ興味が移るリスクが増えます。また、動線が複数あった場合、子ども同士の身体接触が増えることから、さまざまな不適応な行動がみられます。このことは一斉での活動においても同じです。たとえば、以下のような姿です。

・製作活動で、材料置き場周辺で毎回のようにトラブルが起きる。
・配膳の際、友だち同士でぶつかり、こぼす子が多い。
・園庭に出たり、手を洗いに行ったりする際、いつも時間がかかりすぎる子がいる。

　気になる子は注意がそれやすく、かつ一度注意の対象に対して"ロックオン"してしまうと、注意が外れずに本来のやるべきことを見失ってしまいます。できるだけ誘惑されるものを「見ない」ように動線を短くします。

　さらに、動線が複数あると、子どもの動きが交差します。交差すると、「ぶつかった」「ぶつかっていない」といったトラブルが多くなります。反対に保育室内の動線が少ないほど、

過ごしやすくなります。

　友だちの珍しい髪留めから濃い色の壁面など、気になる子は特に刺激に弱いので、できるだけ"動かさない"ことです。つまり、刺激と接しないようにするために、動きを最小限で済むようにするといった発想です。

　したがって、朝の支度などは、気になる子がロッカーとコップ掛け、シール台、水筒置きなどを、2、3歩で行き来できるくらいの距離に配置するとよいでしょう。動線の数は、できるだけ少なくします。また、年齢に応じて「一方通行」のルールをとり入れ、全員が動きやすくする配慮が求められます。

②
環境構成のポイント

3 保育室のレイアウト

保育者の立ち位置と壁面装飾

　これまで述べてきたとおり、気になる子は少しの刺激でもすぐ反応してしまいます。一斉での活動において保育者の立ち位置を考えていないと、保育者の話だけではなく、保育者そのものへの注意が逸れてしまうことがあります。

　保育者の立ち位置は、ある程度決めておきましょう。そのつど、立ち位置が変わってしまうと中心がわかりにくく、気になる子にとって注目を向けづらくなります。朝の会など、毎日にようにピアノを弾くのであれば、ピアノの位置と立ち位置を近くするとよいでしょう。できれば、3か月は立ち位置を変えないようにしてください。

　保育者の立ち位置のほかに、保育者の立ち位置の背景にも気を配りたいものです。保育室内の壁面装飾が多すぎて、かつそれが保育者の立ち位置側にある園があります。そうなると、子どもたちは保育者ではなく、背景に注目してしまいます。

　ぜひ、子どもたちが帰ったあとで、実際に気になる子が座っていた場所に座ってみることをおすすめします。そこから座っている子どもの目線や角度を意識しながら「何が見えているのか？」を確認してみてください。刺激が多い、あるいは（保育者が）見えづらい、といったことに気づくはずです。

　装飾や製作物の掲示は、できれば保育者の立ち位置のうしろではなく、子どもたちのうしろのほうにすると落ち着いて過ごせます。

　壁面装飾は、季節を感じたり、楽しい雰囲気を演出してくれたりするメリットがあります。しかし、壁には装飾のほかに献立表や名簿、当番表などいろいろなものが掲示されています。

壁面装飾を含め、これらは一斉に掲示したり、同時期に製作・作成したりしていないはずです。つまり、別々に製作・作成し、完成した順番で掲示することが多いでしょう。

　ここに、落とし穴があります。それぞれの装飾に対しては子どもたちにとってのわかりやすさやなじみやすさといった配慮がされていますし、製作・作成の根拠があります。しかし、俯瞰して保育室全体を見渡してみてください。たくさんの色や物、キャラクターが混在していませんか？　ごちゃごちゃしていませんか？

　あれも大切、これも大切とベタベタと貼り付けて、情報過多になっている可能性があります。一度「子どもにとって本当に必要か？」を振り返ると「何が必要で、何が不必要なのか」がみえてくると思います。

　その際、保育者は、クラスのなかで「一番刺激に弱い（と思われる）子ども」に照準を合わせ、その子どもがストレスを抱えないレベルを目指して調整するとよいでしょう。

"見えない"工夫

　保育室のもともとのつくりから、どうしても保育者の立ち位置の後ろに「園庭が見える」「おもちゃコーナーが見える」ようになっている園があります。その場合は、カーテンなど目隠しを設け、活動や時間によって活用します。そして、保育者が話をするときには、カーテンをします。これは、「話をしている人のほうを見なさい」「ちゃんとこっちを向きなさい」といった注意・叱責を減らす環境といえるでしょう。

　カーテンは、無地のものがおすすめです。派手な柄やキャラクターものでは、保育者の話ではなく、カーテンのほうに気持ちが向いてしまいます。

　状況を読むことが苦手な子どもであっても、「カーテンが開いているときは遊んでよい時間」「カーテンが閉まっていたら、保育者が話をする時間」というように、目で見てわかりやすいという効果も期待できます。

片づけと環境

　遊びと片づけとの間には、密接な関係があります。保育者が設定したコーナーに対して、あまり興味を示さなかったり、遊んでいる子どもたちの人数が少なかったりしたとします。もともと魅力がないおもちゃやレイアウトかもしれませんが、それ以上に「片づけが大変そう……」という理由から遊ぶことに躊躇していることも考えられます。なかには、片づけを想像して、片づけを回避するために遊ばないという選択肢を選ぶ子どもさえいます。

　それだけ、子どもにとって「片づけ」という作業は、遊びに影響を与えているのだと思います。また、特に気になる子は、空間を把握する力が弱いことや記憶しておくことが苦手な子が多いといわれます。さらに、手先の器用さが求められるような収納も苦手です。気になる子にとって"片づけのはじまり"は、"苦手な時間のはじまり"といってよいでしょう。

これらのことから、クラスの子どもたち全員が片づけをしやすいようにすることが望まれ、自分たち"だけ"で片づけができる環境が必要になります。

●絵本の片づけ

　絵本は、保育者が選択して提供します。帰りの会などの時間で読むことが多いのではないでしょうか。子どもは、積極的に絵本の内容を遊びに取り入れます。いうまでもなく、子どもにとっての絵本は成長・発達を促す貴重な存在です。

　そんな存在である絵本ですが、残念ながら雑に扱っている園があります。絵本の意義を再確認するとともに、片づけの仕方や読んだ後の展示の仕方にも気を配りたいものです。

　気になる子のなかには、「一人で過ごしたい」と強く感じて絵本を読む子や、カタログ的なもの（車や電車、国旗など）に興味があることから図鑑を好む子がいます。このような子どもにとっても、絵本コーナーはなくてはならない場所となります。子どもたちだけで片づけができる絵本コーナーが望まれます。

　絵本にはたくさんの種類があり、厚さや高さはバラバラです。そのため、そのまま置こうとすると倒れてしまい、年齢によっては自分で直すのが難しいです。子どもは、倒れて横になったら、そのままにします。すると、別の子が横になったままその上にまた絵本をのせていきます。そして横になった絵本がどんどん重ねられていきます。乱雑になり、絵本そのものに興味を示さない子どもが出てきます。気になる子が好む図鑑はその厚さからめったに倒れることはありませんが、絵本と同じ棚であれば図鑑の置き方も変わってくるかもしれません。

　そのようなときは、本立てを使用します。空間を細かく仕切ることで、絵本が大きく傾くことを防ぐことができます。片づけるときにもわかりやすい空間になります。

　絵本や図鑑の見せ方にも工夫が必要です。最近読んだ絵本や季節を感じられる絵本、人気がある絵本は、背表紙ではなく、表紙をみせておくと子どもたちが手に取りやすくなると思います。

第**2**章

気になる子が過ごしやすくなる

環境構成の実例

朝の支度に時間がかかる子ども

＼ Before ／

毎日声をかけているのですが、朝の支度にとても時間がかかります。決して遅く登園するわけではないのですが、「1つ行動しては友だちの遊びを見ている」ことが多いです。自分のロッカー（❶）から出席ノートにシールを貼る机（❷）と水筒置き場（❸）に行くまでに、楽しそうな遊びがあると、そのたびに"ひっかかり"、先に進みません。

ロッカーからシールを貼る机までが「この子にとって」は遠いのかもしれません。友だちの遊びやおもちゃに気が向いてしまい、支度することよりも興味を優先するのかもしれません。注意がそれやすいタイプの子どもにとっては、保育室のいたるところに興味がひかれる「モノ・コト・ヒト」があり、それらで展開する遊びに着目しがちになります。

\\ After //

シールを貼る机や水筒置き場の場所は、何となく決めていました。「ここにする意味は？」と考えたときに、明確な答えがないことに気がつきました。対象児だけではなく、ほかの子どもも、みんなが遊んでいる間を通り抜けながら支度をしている姿があり、ときにはぶつかったりしていました。それぞれの場所を近づけたら時間の短縮になり、保育者の言葉かけも最小限ですむようになりました。

興味がそれやすい子どもがいる保育室の動線を検討する際は、まずは「動きを最小限にする」ことが前提です。できれば、所持品の収納をするときは2歩か3歩で終わるような環境が望ましいです。なぜなら、移動している最中に「モノ・コト・ヒト」があると気持ちがそれるからです。逆に考えると、移動距離を短かくするとそれだけ気持ちがそれる機会が減る、ということになります。

お支度②

ほかの子どもの遊びが気になって身支度が難しい子ども

\ Before /

登園してくるとすでにほかの子どもが遊んでいるために、遊びが気になって朝の支度に集中できないことがあります。保育室にかごやタオル掛けを用意していますが、周囲の様子が気になり朝の身支度が進みません。保育者も毎日、指示的な言葉がけをしてしまいます。

保育室には、ほかの子どもたちに加え、明るくてカラフルなカーテン、子ども向けの家具、おもちゃ、教育的なポスターや絵本といった環境があります。このように色づかいや物が多いと、1つのことに集中することが難しく気が散りやすい子どもは、身支度のプロセスが中断されることがよくあります。

\\After//

身支度ロードがあると、身支度が中途半端に終わらず、スムーズに進むようになりました。保育者の指示的な言葉かけも減り、対象児だけでなく、ほかの子どもたちもスムーズに遊びへ移行できるようになりました。

入室前に身支度ができるよう、かごにバックを入れる、タオル掛けにタオルを掛けるなど順番に身支度ができる動線（身支度ロード）を廊下に設定してみました。何をどのような順番で進め、どこまで行うのかに気づきやすい環境に変えるだけで、朝の身支度が円滑になります。

お支度② ほかの子どもの遊びが気になって身支度が難しい子ども

お支度③

保育室での支度を嫌がる子ども

\ Before /

園に着くと、2階にある自分のクラスには上がらず、園庭の出入口付近で持っていたカバンなどの荷物を置いて園庭で遊び始めてしまう子どもがいます。また、園庭で遊んでいる最中に、脱いだ靴下をその場に置いてしまい、後から保育者が探すこともあります。

「2階にある自分のクラスに行く」ことと「自分の荷物を片づける」ことの両方を行うのは、今の段階では難しいのかもしれません。そうした場合、保育者としてこの子どもの生活で何を大事にしたいのかを改めて考え、環境を整えていくことが求められます。また、この子どものロッカーは保育室の奥にありましたので、その点も見直す必要があるかもしれません。

After

園では、今は「2階に行くこと」よりもまず「荷物の片づけ」ができる環境を整えることにしました。空き箱に子どもが好きなように描いた絵を貼り付け「○○ちゃんボックス」を作成しました。園庭の出入り口に「○○ちゃんボックス」を置いて、登園後すぐにボックスに荷物を入れてから遊び始めるよう伝えたところ、数日後には自分から荷物を入れるようになりました。

保育者が子どもに求める行動が多岐にわたるとき、求める行動を細かく分析して、「どれならできるか」という視点をもつことが大切です。この子はその後、担任が遊びの場面でゆったりかかわる機会をくり返しもったことが功を奏して、ボックスを2階のクラスの入り口に置いても荷物を入れるようになりました。保育者が子どもに優先して願うことを考え環境を整えることで、少しずつでも着実な育ちにつながります。

カバンをうまく置けない子ども

＼ Before ／

ロッカーの上にカバンを置きますが、誰がどこに置くかは指定せず、端から順に詰めて置くことにしています。外遊びに行く前に、マスクをしまうために自分でカバンをロッカーから下ろすと、同じ場所に戻すことができず、うろうろしている子どもがいます。保育者がカバンを寄せてスペースをつくらないと戻せず、ほかの子どもと同じタイミングで外遊びに行けません。

目的を達成するための段取り力や空間把握能力が十分に育っていない場合には、空いているスペースにうまく物を置くことや、置くスペースを自分でつくることが難しいと考えられます。外に行くタイミングが遅れることで、すでに遊び始めているほかの子どもたちと遊びにズレが生じてしまうことが懸念されます。

After

カバンを置くスペースごとにテープで目印をつけました。テープからはみ出ないようにカバンをしまうことは難しいですが、下ろしたカバンを戻す際に、友だちのカバンがズレていること、そのズレを直せばカバンを戻せることがわかったようです。自分でカバンを戻せるようになりました。

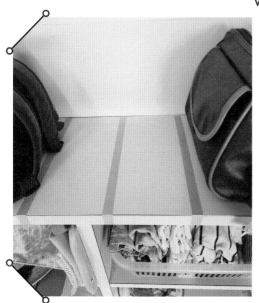 

テープが目印になり、カバンの大きさの把握ができ、どれくらいずらせばカバンが置けるかという目途がたったのかもしれません。保育者を呼ばずに自分で取り組むことができると、「待ち」の時間もなくなりますし、次の活動へスムーズに移れることにつながります。遅れずに外に行くことができれば、みんなと楽しく遊び始められますね。

お支度④ カバンをうまく置けない子ども

お支度⑤

支度がなかなか終わらない子ども

\ Before /

とにかくマイペースで、帰りの支度がなかなか終わらない子どもがいます。「もう行くよ！」と急かしてしまい、お互い嫌な気持ちになってしまうことも……。自分でもゆったりとした気持ちでかかわりたいといつも思っているのですが、どうしても注意してしまいます。

帰りの支度がなかなか終わらない理由を、子どもの姿から丁寧にとらえることが大切です。事例の子どもは、何をどうすればよいのかは理解している様子だったので、時間の見通しが目で見てわかるように、タイムタイマーを子どもの好きなものに加工して提供することにしました。

\\After//

子どもの好きな特撮ヒーローにちなんで、「もう帰らなきゃタイマー」を作り、子どもが見やすいところに椅子を置いてつけました。「これがゼロになるまでに支度を終えて、ピット（停止ボタン）を押せたら勝ちだよ」と言葉かけすると、残り時間を見て自分から、楽しみながら支度をするようになりました。

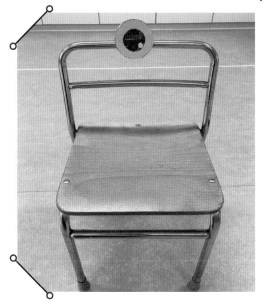

ただのタイムタイマーではなく、子どもの興味関心に沿って、ほんのちょっとだけ加工するだけで、タイムタイマーを喜んで活用してくれました。タイムタイマーを支援に取り入れる際は、子どもが時間の見通しをもつためであり、子どもに残り時間のプレッシャーを与えるためではないことを確認しておくことが大切です。事前に、「どうする？ 今日もやってみる？」と子どもの気持ちを聞いてみるとよいかもしれません。

保育者に甘えて抱っこを要求する子ども

\ Before /

朝礼の風景です。子どもたちがクラスごとに横一列に並んで座り、静かな雰囲気で参加しています。保育者に甘える様子で、いつも抱っこを要求する子どもがいます。抱っこをしないと大きな声を出したり、手を叩いたり、足をばたつかせたりする姿もみられました。担任保育者は、一人で座って参加してほしいと願いつつも、抱っこの要求を受け入れてしまいます。

子どもは、朝礼の際に見通しがもてないと保育者の抱っこで気持ちが満たされているようです。保育者が抱っこをして安心を与えることは悪いことではありません。しかし、保育者と子どもとの距離が近すぎると子どもの主体的、能動的な活動参加を妨げることもあるでしょう。

\\ After //

いつも座る場所にマットを置き、「ここに座ってみよう」と誘うと、一人でそのマットの上に座っていました。マットがあると前を向いて座り、ほかの子どもの様子を見て、ピアノに合わせてリズムをとってみたり、歌を歌ったりと参加する姿が見られるようになりました。

子どもにとって、マットがあると視覚的にもわかりやすく、自分のスペースがあることで安心感を得られます。また、子どもの自立を促すためには保育者が少し距離をとることも大切です。子どもとの距離に注意を払うことで、子どもが活動に参加することができます。また保育者の過剰な援助も避けられ、子どもが主体的に活動に参加しやすくなります。

集まりのときに落ち着きがない子ども

＼ Before ／

集まりのときは、まず集まった子どもたちからピアノに合わせて歌を歌うことが多いため、ピアノの周辺で行っています。歌が終わってからも、ピアノや棚の上にあるファイルが気になるようで、保育者が今日の予定などを話をしているにもかかわらず前へ出ようとする子どもがいて、保育者はつい注意をしてしまいます。

ピアノを活用して集まりを行うことは、子どもたちが楽しく参加することにつながります。一方で、ピアノをはじめファイルや棚などが目に入ってきてしまい、どこに集中して見たらよいかわからなくなる子どももいるかもしれません。今、集中すべきものは何かがわかると、参加しやすくなるのではないでしょうか。

集まり②

集まりのときに落ち着きがない子ども

\\After//

園にあったパーティションに棒を使って幅を伸ばし、そこに布をかけたものを用意し、歌が終わったらピアノや棚が見えなくなるようにしました。子どもは目に入るものが少なくなったせいか、前に出ることはほとんどなくなりました。また、集まりのときは、小さい黒板にその日の予定やお休みの友だちの名前を書くようにしてみたところ、集まりのあとにそれらを確認する子どもも出てきました。

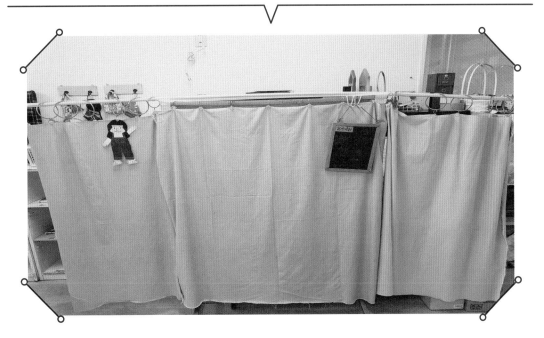

身近なものを活用することで、場所を大きく変えることなく、クラスの子どもたちが集中して集まりができる環境ができました。また、注目すべきものを「小さい黒板」の1つに絞ることで、そこにクラスの重要な情報が集まっているという認識がクラス全体に広がったのではないでしょうか。1人の子どものためだけでなく、クラス全体の嬉しい環境づくりにつながりました。

集まり③

話を聞くときに
外が気になってしまう子ども

\ Before /

保育室の外の様子が気になってしまう子どもがいます。集まりで友だちや保育者がお話ししているときでも、外の人の動きを目で追ってしまい、落ち着いて参加することが難しいようです。

集まりの時間に落ち着いて参加することが難しい子どもがいるときは、保育室の環境を見直してみるとよいかもしれません。この保育室の場合、ドアが窓ガラスで開放感はありますが、廊下を行き交う友だちが見えたり、玄関から人が出入りする様子が見えたりしてしまいます。視界に入る刺激を減らすと、子どもが落ち着いて集まりに参加できるようになることもあります。

After

窓ガラスのドアにすだれをつけてみました。気になっていた廊下や玄関の人の出入りが見えなくなったことで、落ち着いて自分から保育者の話を聞こうとする姿がみられるようになりました。

事例では、衝立ではなくビニールひもを使うことで、窓ガラスのよさである開放感はそのままに、子どもが気になる刺激を減らすことができました。また、子どもが気になりすぎない範囲でビニールひもの色や装飾を工夫することで、子どもが季節を感じることができるようにしました。刺激を遮る支援では、子どもの興味や関心、保育者の願いに沿って、遮る素材の種類や厚さ、装飾などを選んでいくとよいかもしれません。

集まり③ 話を聞くときに外が気になってしまう子ども

過剰な緊張から動けなくなる子ども

\ Before /

運動会が近づくと、園では日常の保育活動のなかで、運動会の練習を計画し実践します。例年、運動会当日になると、今まで練習をしてきたはずなのに競技に参加できなくなる子どもがいます。当日は保育者も緊張するので、子どもがそれ以上に緊張するのも、やむを得ないのでしょうか。練習の成果を当日に発揮してもらいたいのですが……。

運動会当日の緊張感や期待感は、子どもたちにとっても、その家族にとっても大きいものです。運動会では、ふだんの子どもの姿を家族に参観してもらうという目的もあるため、競技やプログラム内容そのものを振り返って、「ふだんの遊びの延長のようなプログラム」をイメージし、環境構成を工夫してみましょう。

\ After /

運動場に出る前に、保育室のなかで競技に近い遊びが経験できるように、環境構成を工夫しました。運動会のプログラムは、日頃より子どもたちが興味のもてる運動遊びを計画していました。いつも遊んでいる「自分の保育室」のなかで、運動会当日のプログラムで使用する跳び箱、縄跳びリングなどの運動器具に親しむ機会を増やしてみました。

「運動会」には、子どもの新しい能力を育てる教育効果がありますよね。保育者が「子どもに体験して欲しい運動遊び」を周到に計画した場合、そのねらいを達成するために、援助や指導が一方通行にならないように心がけたいものです。子どもの主体性を尊重しながら練習を重ねる場合、遊びながら競技の練習につなげるための「環境構成の工夫」が、当日の運動会での満足感や達成感をもたらすことでしょう。

着替え①

動線が交差し、
着替えに集中できない子ども

\ Before /

うちの園は、園庭から保育室に入るには、外玄関から入ってきます（矢印の方向）。気になる子が入室してすぐに着替えられるように外玄関から一番近いロッカーにしましたが、入室するほかの子どもが通る場所でもあるので落ち着いて着替えられず、また、注意がそれやすいのでその都度着替えの手が止まってしまい、最後は注意をしてしまいます。

気になる子の多くは、入室に時間がかかります。さらに、このような環境では、スムーズに入室してもほかの子どもが入室する動線であることから、簡単に注意がそれてしまいます。これでは、スムーズに入室したとしても、結果としてみんなから遅れをとってしまいますね。

\After/

友だちの通り道ではない場所のロッカーを確保しました。差替えに時間はかかりますが、前ほどではなくなりました。以前は「ちゃんと着替えてる！？」と気をはっていましたが、少し気が楽になりました。

着替え① 動線が交差し、着替えに集中できない子ども

ときに保育現場では、大切にすることが多く、「優先すべきこと」が選びづらくなることがありますよね。この場合は、「入室してすぐに着替えられること」を優先しましたが、結果友だちの通り道となってもいました。子どもの姿を観察して、優先順位を検討することも必要となります。

着替えに時間がかかる子ども

\ Before /

ロッカーの前で衣服の着脱をしている際、手が止まることが多い子がいます。私のクラスは、いくつかの月齢で分けたグループで生活をしているのですが、いつもグループで最後になっています。本人は焦る様子もなく……。最近は、時間はかかりますが保育者も手伝いながら自分で座ってズボンなどが履けるようになってきています。「できるまであと一歩！」と思いますが、どこから手をつけたらよいのか困っています。

手が止まることが多いのは、これから着る服や脱いだ服などの置き場所がわかりづらいからかもしれません。また、目につく物が多く、刺激があふれているように見えます。座ってズボンが履けるようになっているのであれば、環境を整えてあげると自分から履くようになるのではないでしょうか。

\\ After //

着替えのときだけ敷物を敷き、また座ってひとりでズボンを履けるように台を置きました。これまでは、友だちの服を間違って持って帰ったりすることがありましたが、そうしたことはなくなりました。また、手先の不器用さがあり、ゆっくりではあるものの、自分でズボンを履けるようになってきています。だんだんと自分から台を使う姿が増えていきました。

目印となる敷物を敷くことで、友だちとの衣服の取り間違いが減ります。また、「自分の場所」「友だちの場所」が明確になるため、それだけで安心して着替えができる子どもがいます。身についてきたら敷物や台は使用しないでよいです。使用しないときには敷物を片づけます。場所をとらないことから、丸めて片づけることができるござがおすすめです。

服をうまくたためない子ども

\ Before /

制服を脱いでたたみ、ロッカーに入れてから遊びに入ります。なかなかたたむことが
できず、手間取る子どもがいます。廊下にあるロッカーの反対側に机を置いて、服を
たためるスペースをつくりましたが、それでもうまくいかないようです……。

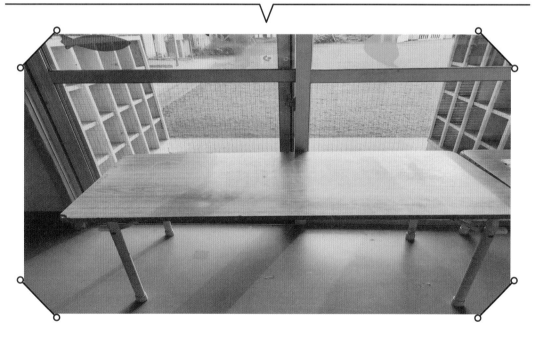

服をたたむことは、手先が不器用な子や手順を覚えるのが苦手な子にとって難しい
ことです。早く遊びに入りたいのになかなかたためないことでイライラしたり、服を
乱暴に扱ったりすることにつながります。気持ちが不安定になり、遊びに入るときに
も影響が出てしまいます。

\\ After //

机の前に、たたむ手順を示した図解を貼りました。イラストではなく、色画用紙で立体的に作ったものを貼ったことで、見ただけでわかりやすいようです。机に制服を置き、これを見ながら順番にたたむようになりました。

視覚支援は支援の基本ですが、どこに貼るのかも重要です。たたむ場所となっている机の目の前に図示されることで、見ながらたたむことができます。たたんだ服をすぐにロッカーにしまうことができる場所であることもポイントです。立体的な図により、子どもがイメージしやすいことも工夫になっています。

着替え③ 服をうまくたためない子ども

食事①

偏食があり、
給食に抵抗を感じている子ども

＼ Before ／

偏食があり、食べられるものに限りがあります。いつも給食を載せたワゴンが保育室に運ばれてくるとすぐに見に行って、好きな食べ物か、食べられるものかどうかを確認し、一喜一憂します。食べられるもののほうが少ないので、いつも給食前に気持ちが崩れてしまいます。気持ちよく「いただきます！」をしてほしいのですが……。

気になる子のなかには、口内の過敏さなどから偏食がある子どもがいます。偏食の改善には時間がかかりますので、焦らずに取り組みましょう。一方で、この場合は偏食のほかに、献立の情報がワゴン到着後にはじめて「わかる」ようになっているという現状があります。もう少し早い段階で子どもが献立を知る方法が必要です。

\\ After //

前もって献立がわかることで心の準備ができるように、事前に調理室に見に行くことにしました。今までは、私たち保育者もワゴンが到着するたびに身構えていましたが、子どもの感情が大きく崩れなくなり、気持ちが楽になりました。少しずつですが、落ち着いて「いただきます」ができるようになり、楽しい時間になりつつあります。

事前に直接見ることで、気持ちの準備をすることができます。けっして食べられるものばかりではありませんので、見通しをもつことが必要でしょう。保育者と一緒に給食を見に行って、食材や味についての話題でコミュニケーションを図るのもよいと思います。信頼関係を築く時間、と割り切ってプラスに捉えてみるのもよいのではないでしょうか。

食事②

食事中に立ち歩く子ども

\ Before /

　1歳児の女の子はいつも、食事中にワゴンを押しに立ち歩いてしまいます。危険防止のためにキャスターにゴムを挟んでいるので、大きくは動きません。しかし、食べている最中に押しに行くので、困っています。保育者が横に座って、行くことができないようにしているのですが、それでも気になるようで、保育者を押しのけてでも行こうとします。最近では、ほかの子どももつられて押しに行こうとしてしまいます。

　食事に興味がなかったり、「押す」という行為を楽しんだりしているのかもしれません。また、押すという行為が楽しいこともさることながら、「体重を前方にかけて物を移動させること」にはまっているとも考えられます。気になる子は、考えるよりも感覚を優先する傾向があるので、時間や場所を問わず、このような行為をしている可能性があります。

After

ワゴンの場所や子どもが座る場所などをいろいろ検討したのですが、シンプルに「見えないところに置く」ことにしました。配膳が終わった段階で、保育室の外の廊下に置くようにしました。食具の片づけがしづらくないか気になりましたが、それ以上に立ち歩きがなくなるほうを優先しました。食具は一か所に片づけておいて、子どもが食べ終わって午睡に向かうために保育室から出たらワゴンを入れ、片づけるようにしました。

 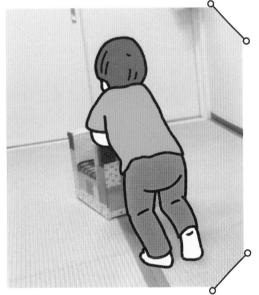

子どもは、今まさに発達・成長している部位を動かしたがります。これは気になる子も同じです。この場合、「押す」という行為は、食事中では制限させますが、その分をぜひ自由遊びで保障してもらいたいと思います。ワゴンの代わりに牛乳パックでつくった椅子を押すことができるよう、保育室にスペースをつくって遊ぶよう配慮しました。

特定のメニューが苦手な子ども

\ Before /

ふだんは給食を食べるのですが、たまにとても苦手なメニューがあるようで、そのメニューがでてくると、一口も食べようとしません。「見るのもイヤ！」といった様子で、席を離れてしまいます。事前にメニューを伝えてみましたが、手ごたえがありません。

子どもが給食を食べようとしない理由はさまざまです。硬さや大きさ、形や味や色など、食べ物そのものを見直すことで解決できることもありますが、提供の仕方を変えてみることで、子どもが自分から食べられるようになることもあります。「食べたくない」という子どもの今の思いを受け止めつつ、自分から楽しく食べられるように、食べようとしない理由に応じた解決策を考えていくことが大切です。

\\After//

丼ものの給食が出ると食べようとしない様子がみられました。そこで、「混ざっているものが苦手なのでは？」と考え、白飯とおかずを小皿に分けて提供してみると、いつも通り楽しく食べる姿がみられました。

この園では、午前中に行事やイベントがあると、丼ものの給食になりがちで、特に行事やイベントがある日に食べようとしない様子が子どもにみられたことから、丼ものが苦手なのだと思い至り、提供の仕方を変えてみる支援にたどりつきました。食事では、保育者だけでなく、給食調理員との連携による支援も必要になることがあります。

食事③

特定のメニューが苦手な子ども

食事中に姿勢が崩れやすい子ども

\ Before /

食事中にすぐ姿勢が崩れてしまう子どもがいます。お尻がずり落ちてのけぞるような姿勢になったり、左右に潰れるような姿勢になったりしてしまいます。本人は、食べたい気持ちはあるようですが、思うように食べることができずにいます。

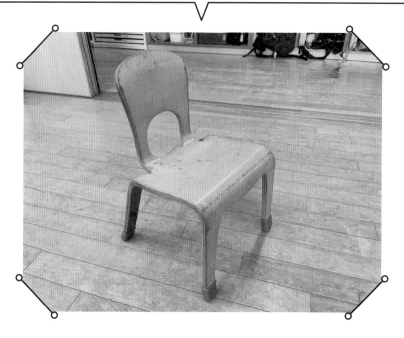

すぐに姿勢が崩れてしまうときは、椅子の高さが子どもに合っていないことがあります。座面が高すぎて足裏をしっかりと地面につけることができないと、姿勢が不安定になるだけでなく、手で食具を操作することが難しくなったり、落ち着いて椅子に座ること自体が困難になったりすることもあります。食事中に落ち着きがなかったり、食べこぼしが多かったりする場合は、椅子の高さを見直してみるとよいかもしれません。

\After/

保育者間で話し合い、バスマットを足置き台にして、座面の高さを調節してみました。
姿勢が安定したことで落ち着いて食べられるようになり、食べこぼしも減りました。

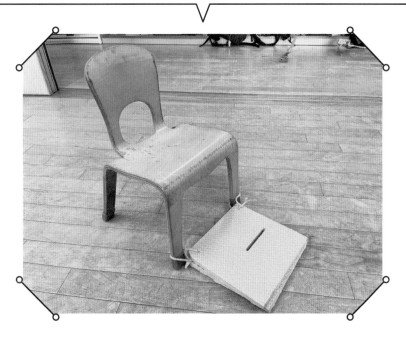

園には、すべての子どもに合う椅子があるわけではありません。やや座面が高い椅子
の場合は、足元にバスマットを敷いて足置き台にすることで、子どもの姿勢保持を
適切に支えることができます。バスマットは、安価で加工が簡単なことに加えて、クッ
ション性と摩擦抵抗があり、足置き台としてとても良い素材といえます。重ねて貼り
付けることにより、さまざまな高さに対応できることも、使いやすいポイントです。

手洗い・うがいに時間がかかる子ども

―――――――――\ Before /―――――――――

感染症のことを考えて、手洗いやうがいはこまめにしています。しかし、コップを取りに行ってうがいをしたり、手を拭いたりするときに、時間がかかってしまいます。気がついたときに、毎回言葉をかけて促すのですが、すぐ、うがいや手を拭くことを忘れてしまうようです。コップ置き場の横に、上部はおもちゃ置き場、下部は保育者の私物が入っている棚があり、そちらに気がとられているようです。

棚がカーテンで隠れているところと開いているところがあるので、気になってしまうのかもしれませんね。中途半端な場所はかえって目立ってしまい、子どもが必要以上に見てしまいます。また、保育者の私物は、保育室の広さに限りがあり、置く場所に困る現状もあるかと思いますが、できるだけ不要な物を取捨選択して、子どもの遊びや生活に不要な物は極力置かない努力が必要です。

\\After//

すぐに取り出せるようにカーテンを半分開けていました。しかし、中途半端に開いている棚が気になる子どもが多いことがわかりました。そこで棚の中を整理して、すべてカーテンを閉めるようにしました。また、子どもにとって不要な物は、思い切って断捨離もしてみました！

保育者には気にならないレベルの情報でも、案外子どもにとっては興味が引っ張られ、やるべきことを見失ってしまいます。保育者は不要な情報を極力制限し、無駄なスペースをつくらないことが求められます。「見ると気になる」傾向がある子どもがいるクラスでは、特に重要です。また、「保育者にとって取っておきたい物」であっても「子どもにとって不要な物」は、断捨離するのがおすすめです！

落ち着いて排せつができない子ども

\ Before /

　３歳児の女の子は、トイレに行くのを嫌がり、入園してからオムツで排せつをしていました。特定のキャラクターを強く好んでいるため、その人形を使って何とかトイレまで誘導し、一番手前の便座に座れるようにはなりましたが、座ってからすぐに立ち上がってしまいます。「あと少し」と人形を使いながら伝えていますが、いつもうまくいきません。

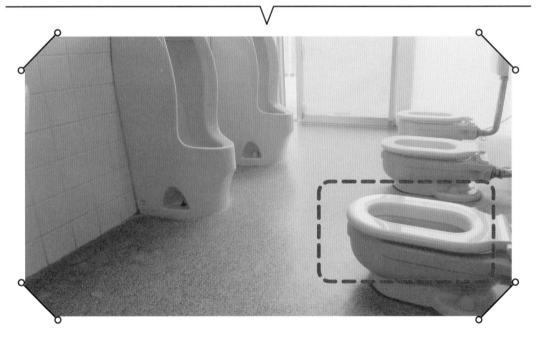

トイレに行くようになっただけでも「大きな一歩」でしたが、あと一息ですね。一番手前の便座を好み、かつ好きなキャラクターがある、とのこと。そこで、一番手前の便座に、座って子どもの目線の高さに好きなキャラクターのシールを貼るのはどうでしょうか。目線の高さにキャラクターがいてくれれば、リラックスした状態で過ごせるのではないでしょうか。

\After/

便器に座ってから、すぐ立ち上がってしまうので、いつもどうしてよいか困っていました。話しかけたり、人形を使ったり、あの手この手で誘導しますが、私自身、それ自体にストレスを感じてしまっていました。シールを貼ることで楽しみができたのかスムーズにトイレに行くことができ、キャラクターに関する話題で盛り上がることもあります。

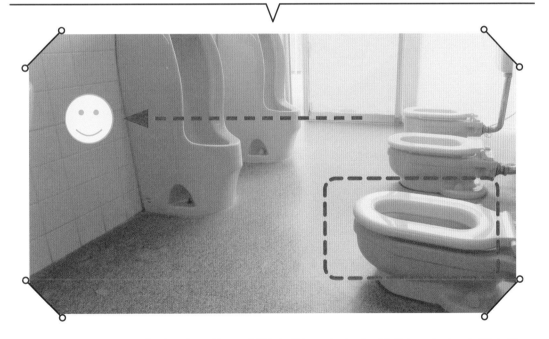

もともと、トイレに行くことに対して抵抗を感じるタイプの子ども。トイレに行くだけでも精一杯だったかもしれません。支援の第一歩は、子どもの好きな遊びや物を探ることからです。特定のキャラクターが好きということですので、「行ったら会える」環境をつくってみました。支援に困ったときは、好きなものを起点に「どうしたら活かすことができるか?」を考えるとよいです。

トイレ① 落ち着いて排せつができない子ども

順番待ちができず
別の場所に行ってしまう子ども

\ Before /

排せつの際、トイレに行くために保育室から廊下に出ると走り出し、ほかの場所に行ってしまう子どもがいます。トイレ前の廊下が広すぎて、順番待ちができないことから走ってほかの場所に行ってしまうようです。多動な子どもなので仕方がないのかと悩んでいました。

広い空間で、待つ場所が明確でないために、開放的になり思わず別の場所に行ってしまう子どももいるでしょう。トイレの待ち時間が長く、見通しがもてないと、どうしてもほかの場所で遊びたくなってしまいます。

\\ After //

トイレの近くに椅子を設置しました。保育室からトイレの途中に目指す場所ができたことで、スムーズに移動することができるようになりました。また、待つときの場所が明確になり、順番も上手に待つことができるようになりました。

一連の活動を途中で中断したり、切り替えたりすることが苦手な子どもは多いです。この例では、トイレへの移動を「保育室からトイレ」という1つの長い過程から、「保育室から椅子」そして「椅子からトイレ」という2つの短いステップに分割しています。途中で気が散る可能性がある場合は、中間の目標があることで、それぞれのステップに集中することができます。

トイレットペーパーを
うまく使えない子ども

\ Before /

排泄を自分でしてみようとする気持ちはあるのですが、いつもトイレットペーパーを
ぐるぐる伸ばしすぎてしまいます。どうやら、ちょうどよい長さで切ることが難しい
ようです。

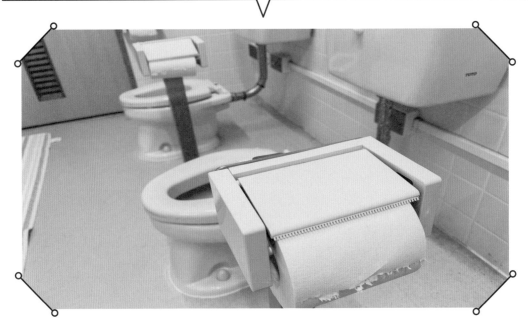

排泄などの基本的生活習慣は、トイレに行く→スリッパに履き替える→ズボンを脱ぐ
→便座に座る→トイレットペーパーを切る→お尻をふく……といったように、一つの
行為を細かい動きの要素に分けて捉えなおすことで、子どもがどの動きで援助を必
要としているのか、適切に把握できることがあります。ここでは、「トイレットペーパー
を切る」という動きに着目します。

\ After /

小分けにして切っておくことで、子どもが取り出してすぐに使えるようにしました。保育者は見守るだけで自分でトイレに向かい、手を洗って保育室に戻るまで自分でできるようになりました。

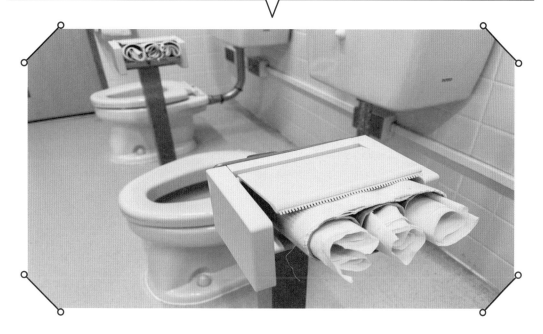

トイレ③ トイレットペーパーをうまく使えない子ども

トイレットペーパーを切ることは、必要な長さを引き出す、適切な大きさにたたむ、片側の手でトイレットペーパーを押さえて反対側の手で引っ張るなど、意外なほど複雑な操作が必要です。すべて自分でできるかどうかということよりも、子どもが「できた」という達成感を味わえるかどうかという視点から環境を工夫していくことが大切です。

午睡①

眠るまでに時間がかかる子ども①

\ Before /

午睡の時間になっても寝ようとしません。自分の布団から離れて勝手に部屋から出ていったり、一人でおしゃべりをはじめたりします。保育者がトントンしようとすると保育者をえり好みしたり、「こっち来ないで」と言ったりします。その都度対応しているのですが、どのかかわりも手ごたえがありません。

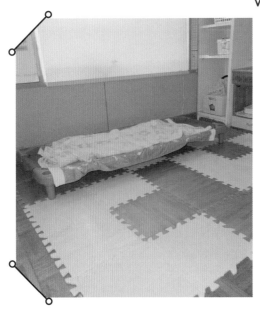
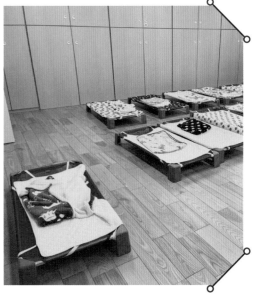

寝る場所を固定していなくてもすぐに入眠できる子どももいれば、いつもと違うことに抵抗を感じ、なかなか入眠できない子どももいます。まずは、クラスの子どもたちがどちらのタイプか見極めて対応を考える必要があります。また、音や視覚の刺激に敏感な場合もあります。視覚を制限して周囲の環境が見えない状態にすることで、視覚的にも聴覚的にも、ある程度落ち着いた環境にするのも有効な支援といえます。

After

手作りのパーティションで遮ってみました。また、布団を保育室の奥に敷くことにしました。自分から保育者に「あれ（パーティション）は？」と求めてくる姿から、周りから見えない環境を求めていたのだと思いました。入眠の遅れで睡眠時間が不足することから寝起きが悪かったのですが、比較的スムーズに起きられるようにもなってきました。

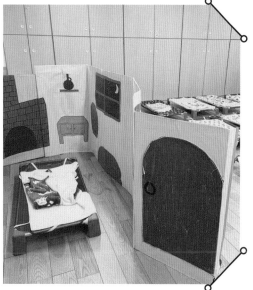

周囲に友だちがいると落ち着いて眠れない子どもがいます。個別の部屋を用意するのは難しいので、パーティションが役立ちます。パーティションは、「パニックになったときにクールダウンする」「疲れたときに休む」「気持ちを落ち着ける」といった際に有効です。いつも置いておくわけではなく、タイミングや状況に応じた柔軟な使い方がポイントです。ジャバラ状のものを使用すると収納もしやすく、おすすめです。

眠るまでに時間がかかる子ども②

───────────────── \Before/ ─────────────────

　2歳児のクラスです。午睡は、「迅速に保育室の奥から順に布団を敷かなければ、食べ終わった子から寝られない！」と焦っていたのかもしれません……。「食べ終わるのも、寝付くのも最後」の子は、どうしても保育室の出入口で寝ることになってしまいました。

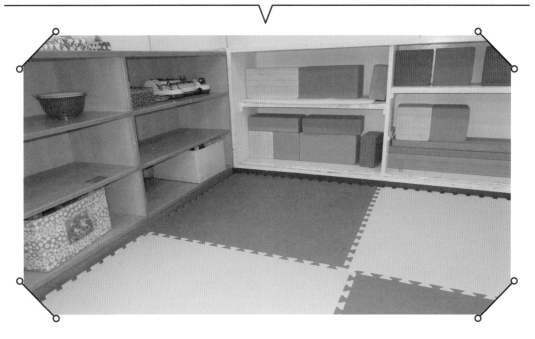

　食事から午睡は、眠りたい子どもたちのために早く準備しようと焦り、どうしても機械的に対応してしまいがちです。しかし、落ち着いて眠れる場所は、十人十色。大人も「適度な音や明るさがあったほうが眠れる」という人もいるし、「できるだけ静かで暗いほうがよい」という人もいるでしょう。子どもも同じですね。

\After/

試しにいろいろな場所で寝るようにして、観察をしました。そのなかで、落ち着かないのかな？　と思い、角に布団を敷くことにしました。複数の保育者でそれぞれ観察したことを伝え、話し合いをしたところ、ここが一番嫌がらずに寝ることができました。今では自分から布団を持っていこうとするほどです。午睡明けの不機嫌はあまり変わりませんが、おやつは前よりよく食べるようになりました。

気になる子の寝る場所を固定すると「ここが自分の場所」という安心感を得て、見通しをもって過ごすことができます。また、まわりに友だちがいると動いている音や声が聞こえ、思うように入眠することができないことが多いです。ふだんから、保育者は気になる子の苦手なことを把握して、積極的に環境を改善するようにしましょう。

ほかのクラスの午睡時に
大きな声を出してしまう子ども

――――――――― ＼ Before ／ ―――――――――

園内での午睡は３歳児クラスのみが行っており、その時間帯にほかのクラスの子どもたちは食事をしたり、午後の遊びを楽しんだりしています。しかし、午睡の時間にほかの子どもたちの大きな声が聞こえて気になり、３歳児クラスでは、なかなか寝つけないことが多いです。

園の廊下はいつでもどこへでも行ける回遊動線（円形で子どもたちがぐるぐるまわれるような廊下）となっています。子どもたちにとっては遊びたくなるような魅力的な空間です。年齢によって生活時間が異なる場合には、午睡の時間に静かな環境を保つための環境設定が必要でしょう。

\\After//

保育室全体の午睡時間の環境が改善され、子どもたちがより快適に過ごせるようになりました。さらに、ほかのクラスの子どもたちも、廊下が暗くなることで自然と声を抑え、静かに行動するようになり、全体の雰囲気が落ち着いたものに変わりました。

保育室の前に衝立を設置し、廊下の電気を消すことで、園内の誰が見ても一目で午睡の時間であることが理解できるようになりました。今は何の時間で、どうするべきなのかと見通しをもつことで、午睡をする子どもたちだけでなく、園全体の雰囲気が落ち着くでしょう。

午睡③

ほかのクラスの午睡時に大きな声を出してしまう子ども

安心して眠れない子ども

\ Before /

午睡の時間に眠ることができない子どもがいます。眠ることに不安がある様子で、動き回ってしまい、身体を休めることができません。部屋を暗くしたり静かになるよう工夫したりしますが、効果はみられません……。

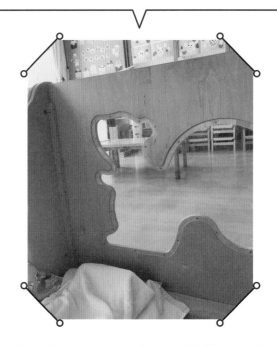

午睡を必要とする子どもに対しては、落ち着いて目を閉じることができる環境を整えることが必要です。部屋を暗くして、静かな環境にするだけでは、不安を感じる子どももいます。その子にとって、どのような環境だと安心して眠れるのかをていねいにとらえていくことが大切です。

\\After//

子どもが好きなキャラクターを貼って、保育者が「ここで見ててもらおうね」と言葉かけしました。横になって好きなキャラクターを見つめているうちに、安心して目を閉じる様子がみられました。

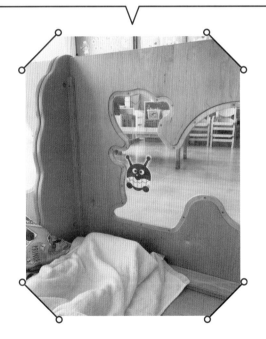

好きなキャラクターが近くにいると安心する子どももいます。ぬいぐるみのように、自分で手に持てるとより安心する子どももいますが、この事例の子どもはぬいぐるみに興奮して眠れなくなってしまいました。その子が好きなものは何か、好きなものを子どもに渡すのか壁に貼るのか、大きさはどうするのかなど、個別に考えていくことが大切です。

遊びに集中できない子ども

\ Before /

　1つの遊びに集中することが苦手で、遊びが続かない子どもがいます。遊びかけては途中でやめてしまい、ふらふらと保育室の中を動き回る姿が目立ちます。ほかの子どもが目に入ると、気になってしまうようです。保育者が言葉かけをして一緒に取り組むように誘いますが、変わりません。言葉かけばかりするのも……と悩んでいます。

　広い空間の中では、落ち着かずに動き回る子どもがいます。目に入る情報が多いため、その刺激に反応しやすくなります。パーティションなどで空間を区切ることで、刺激の量を抑えることができます。

\After/

劇で使用したパネルスタンドを用いて段ボール板を立て、パーティションにしました。パネルスタンドはスポンジ素材でできているため、安全です。段ボールの高さも、高すぎず低すぎず適当だったと感じています。外部からの刺激が少なくなり、集中して遊べる時間が長くなりました。

室内遊び① 遊びに集中できない子ども

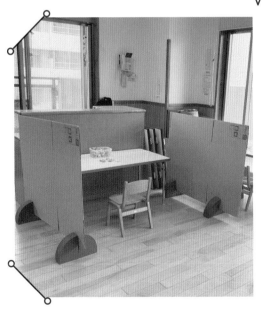

集中して遊びこめる環境づくりは、大切です。段ボールパーティションは、身近にあるものを活用して製作でき、持ち運びがしやすいのでよいですね。保育者からは見えつつも、子どもの視界は遮ることができる高さもちょうどよいです。遊びの内容や子どもの様子によって置く位置や個数を変えることができます。子どもが圧迫感を感じないように留意する必要があります。

ほかの子どもとの
かかわりが少ない子ども

\ Before /

自由に遊ぶ時間になると、保育室から出て、大好きな虫の飼育ケースがある廊下で、一人で過ごすことが多い子どもがいます。なかなか遊ぶことができません。虫への興味を尊重しつつ、ほかの子どもとのかかわりももってもらいたいと思っています。

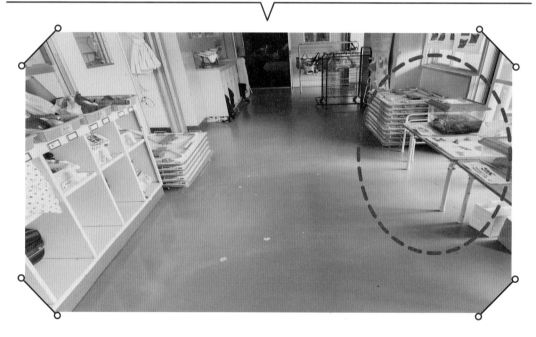

虫が好きで、熱中して虫を観察できること自体はすばらしいことです。しかし、物理的に離れた場所で過ごしていると、ほかの子どもとかかわる機会が少なくなってしまいますね。大好きな虫の飼育ケースを保育室の中に入れて、コーナーとすることで、保育室の中で過ごせる時間が増えるのではないでしょうか。

＼After／

虫の飼育ケースを保育室の中に入れて、その虫が載っている図鑑や絵本を近くに置きました。保育室から出ずに、子ども同士で話しながら虫を観察したり、図鑑を一緒に見たりする姿が見られます。子どもたちはこのコーナーが大好きで、遊びの切り替えの際にここで過ごしています。

室内遊び② ほかの子どもとのかかわりが少ない子ども

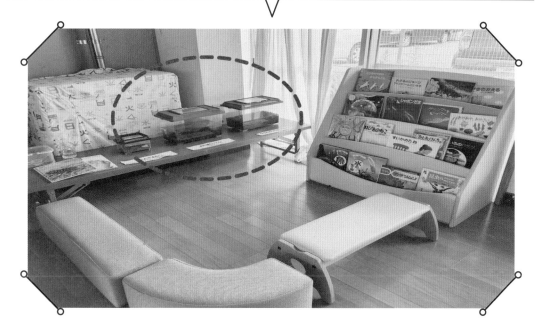

好きなものがあることで、保育室の中で過ごす時間が長くなり、その結果、ほかの子どもとのかかわりも増えました。飼育ケースと図鑑・絵本を１つの場所に集めたことでクラス全体で、捕まえる→観察する→調べる、という流れが生まれました。椅子が置いてあるコーナーがあると、落ち着いて絵本が読めたり、休憩ができたりします。遊びの切り替えの際に一息つく場所になっていることもすばらしいですね。

室内遊び③

静かな空間で過ごしたい子ども

\ Before /

集団の中ではなく一人で、保育者が保育室以外の場所で個別対応をしながら遊ぶ子どもがいます。みんながにぎやかにしている場所は苦手で、静かな場所を求めて部屋を移動していました。移動ができないときは、部屋の隅に行くこともあります。しかし、ただそこにいて時間を過ごすだけになってしまいます。落ち着いて遊べる場所をつくりたいのですが……。

刺激を統制して、一人で過ごせる場所をつくる場合に、廊下の一角は絶好のスペースになります。一旦、物が置かれてしまうとなかなか見直す機会をもてず、何となくそのままになってしまうことが多いものです。しかし、思い切って整理することでスペースをつくることができる場合もあります。また、部屋の隅の仕切られた空間を好む子どももいますので、部屋の隅を落ち着けるように整えることも大切です。

\After/

廊下の一角に、その子の好きな色を基調としたスペースをつくりました。ここが気に入った様子ですが、ここだけで過ごすわけではなく、ほかの場所に行ったあとにここに戻ってきて落ち着くようです。部屋の隅のコーナーにはマットを敷き、椅子と絵本を置きました。椅子は、牛乳パックに新聞紙を詰めたものを組み合わせ、布でくるみ縫い合わせた手作りです。

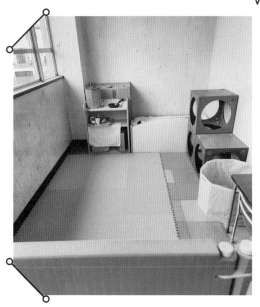

きれいで落ち着くスペースができました。子どもの好きな色を取り入れる工夫により、子どもが楽しく過ごせる雰囲気がつくられています。ベース（基地）があることは、心の安定にもつながります。また、部屋の隅にはマットを敷き、落ち着いて座れるコーナーができました。手作りの椅子に座って過ごせることで、気持ちが落ち着いたのではないでしょうか。

広い空間では
落ち着いて遊べない子ども

＼ Before ／

広い空間の中で過ごすと落ち着かず、遊びに集中できない子どもがいます。自由な遊びの時間はいつも周囲の声や音、視界に入るものに反応して動き回っているだけで、遊びこめていない様子が見られます。個別に過ごせる遊び場所があればよいのですが、ちょうどいい空間が思うようにつくれません。

広い空間で大人数の子どもが遊んでいるときは、多くの聴覚刺激（音、声など）や視覚刺激（色、光など）があふれています。集中して遊ぶことができない子どもの中にはそうした刺激に反応しやすい子どもがいます。刺激を統制するためにコーナーを活用できればよいのですが、保育室の環境によってはそのような場所がなく、子どもの逃げ場がない状態になってしまうことがあります。

╲ After ╱

保育室の一角にテントを置きました。その中で過ごすことで落ち着き、集中して遊ぶことができました。1人で遊びに没頭するだけでなく、2～3人の子どもたちで入ることもあります。「秘密基地」のように過ごせるところがお気に入りのようです。完全に覆われてはいないため、保育者が中の様子を見やすいので安心です。

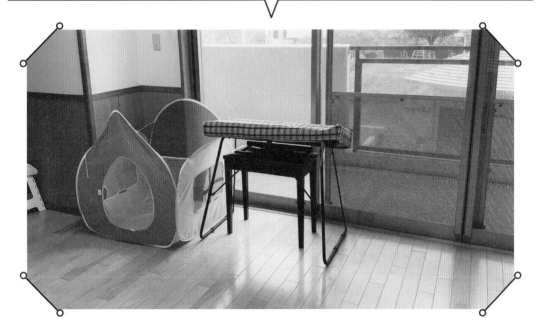

仕切られている空間をつくることが難しい環境でも、テントを置くだけで、個別スペースをつくることができました。手に入れやすいもの、すぐ使えるものを個別スペースづくりに活かすという発想がすばらしいですね。固定されていないので、場所を変えたり片づけたりできるところも使いやすいポイントです。

慣れない環境が不安で遊べない子ども

\ Before /

入園直後の3歳児クラスでは、泣いてばかりで登園しぶりをしている子どもの存在が気になります。5月になっても、新しい遊びに誘うと緊張して表情がこわばったり、保育者のそばを離れず遊びを傍観しがちです。なかには、特に不安定になり泣きっぱなしで、遊ぼうとする意欲さえ萎えている子どもがいます。加配の先生に付いてもらっても、すぐに担任を探すなど、保育者のそばから離れようとしません。

保育者は「早く幼稚園に慣れてほしい」と考え、子どもが興味のもてる遊びを用意し、誘いかけますよね。3歳児のなかには、発達上の遅れがあるとはいえないまでも、新しい環境（モノ・遊び・友だち）に移行するたびに不安が増し、その子の持ち味を発揮できないことがあります。まずはその子の好きな「モノ・遊び・友だち」などの存在に注目して、遊びのきっかけにするとよいでしょう。

After

入園して3か月たつ頃、好きな遊びの傾向がわかってきました。どうやら「空き箱」で何かを作るのが好きなようです。電車を作って遊ぶようになってからは、笑顔が見られるようになりました。「好きな電車を走らせたい！」という思いを受け止めて、ジョイントマットで線路を作ってみたら、登園しぶりがすっかりなくなり、友だちと楽しそうに遊ぶようになっています。

身近な廃材で「作って遊ぶ」のが大好きな子どもの特徴を、保育者がうまくとらえ、遊びに誘導するきっかけづくりができました。また、ジョイントマットの線路という素敵なアイデアが、遊びの深まりをもたらしました。自分の好きなことや得意なことが園にはたくさんあるんだ！　という安心感を得ることができましたね。自分のアイデアを生かした遊びに挑戦するという自己有能感にもつながりました。

室内遊び⑤

慣れない環境が不安で遊べない子ども

入園して半年以上たっても自分の興味のあることが見つけられない子ども

\ Before /

入園して半年以上が経過する3歳児クラスの担任です。子どもたちに「お部屋にある好きなおもちゃで遊びましょう」と伝えても遊びを見つけられない子ども、遊びに夢中になれない子どもがいます。どうしたら自分の好きな遊びを見つけ、その遊びを通して充実感が得られるようになるのでしょうか。

　3歳児は集団で行動する際、発達の個人差が非常に大きいです。「園にあるおもちゃで何でも遊べるよ」といっても、家とは異なる環境だと興味が散在し、関心の度合いが安定するには時間がかかるかもしれません。そこで、室内に「テーマ」を決めて空間をつくってみてはどうでしょう。とはいえ、テーマパークのように大げさなものではなく、3歳児の興味や関心など、身の丈に合った遊びのテーマを考えたいですね。

\After/

お菓子屋さんがテーマの絵本の読み聞かせをしたときの子どもたちの反応がとてもよかったことをヒントに、遊びの環境を考えました。子どもたちから「お菓子屋さんをやってみたい」という声が出てきたので、室内をパーティションで区切り、お菓子屋さんをイメージしたスペースをつくってみました。遊びに目的が生まれたようで、安心して遊ぶ子どもが増えました。

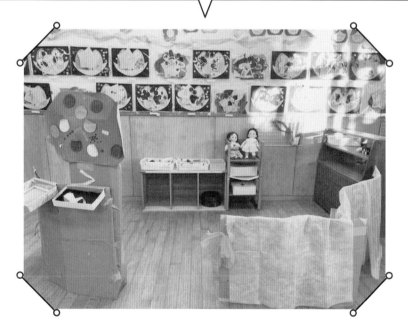

個人差の大きい3歳児では、遊びに目的が定まらない子どもが大勢います。反応のよかった絵本を題材に、遊びが発展する環境構成のヒントを見いだした保育者の専門性は素晴らしいです。物語を通して共有している「お菓子屋さんごっこ」の楽しさを引き出すためのダイナミックな環境構成は、子どもたちの興味を惹くのに効果的な工夫といえるでしょう。

友だちにすぐちょっかいを出してしまい、遊びに集中できない子ども

\ Before /

幼稚園の年少クラスの5月です。子どもたちの半分は、まだ好きな遊びに没頭できていません。なかには、椅子に座って絵本を読んでいる子どもに、横からちょっかいを出してしまうことの多い子どもがいて困っています。落ち着きがないというか、集中することができない様子です。

入園直後は、集団生活を送るルールに抵抗する子どもが多いです。自分の好きな遊びを探すという主体性を発揮しづらい時期でもあります。そこで、家ではどのような様子なのかを保護者から聞いてみるとよいでしょう。たとえば「家では、一人で寝っ転がりながら絵本を読んでいます」などと、リラックスできる環境のヒントがあるかもしれません。家での生活を、保育室のどこかで再現してみるとよいでしょう。

\After/

保護者のお話から、家ではリビングの隅で、お気に入りの絵本を安心して読みふけっていることがわかりました。そこで、保育室の壁際の、大型の遊具を並べて片づけていた隙間に、子どもが自由に入って遊べるスペースをとってみました。すると、そのスペースが気に入ったようで、好きなポーズをとりながら絵本に夢中になる姿がみられるようになりました。

子どもが「リラックスして」遊べる空間の必要性は、集団保育のなかではつい見落としがちです。思い切って「子どもの日常性」に視点を向けることも重要です。保育室の隅っこは、保育者側からすると「片づけスペース」と考えがちですが、保育室になじめない子どもにとっては「安心スペース」になるようです。子ども一人が入れるくらいの空間は、遊び心をくすぐる魅力があります。

室内遊び⑦ 友だちにすぐちょっかいを出してしまい、遊びに集中できない子ども

室内遊び⑧

遊びの楽しさを実感できず、
毎朝泣きながら登園してくる子ども

\ Before /

幼稚園年少クラスに、新しい環境に慣れることにとても時間のかかる女の子がいます。登園してからしばらくは、担任のそばから離れず着替えもできない状態で、しくしく泣き続けています。保育室に遊具などが何もないと、「遊んでいいよ」といってもモチベーションが上がらないようです。担任以外の保育者が近づくと、驚いたように泣き出すこともしばしばです。

入園や進級の時期は、登園しぶりの子どもがいます。特に、園に通うという初めての習慣になじめない子どもは少なくありません。何もない広い空間だと、それだけで、「ドキドキ」したり、不安になったりして登園しぶりになりがちです。保育室で、年齢に応じた興味や関心の広がる「遊びのコーナー」が目に入ると、それだけで心の窓を開くきっかけになるでしょう。

\\After//

3歳頃の子どもは、慣れてくると数人の子どもが集まっておうちごっこが始まることが多いので、ドールハウスのイメージを再現したパーティションを置いてみました。ドールハウスのパーティションに興味を示した女の子は、鞄を背負ったままですが、ここで過ごせるようになりました。

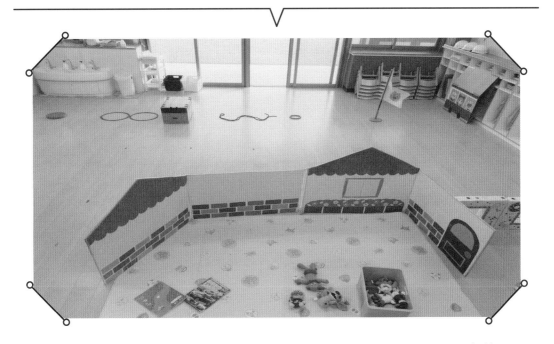

保育室内に「ごっこ遊びのパーティション」を導入することで、子どもの気持ちによりそった環境ができあがります。友だちの声や保育者の様子を認識し、保育室の雰囲気を味わいながらも自分の世界を守ることができるので、園生活に徐々に慣れていくのには効果的ではないでしょうか。

室内遊び⑧ 遊びの楽しさを実感できず、毎朝泣きながら登園してくる子ども

友だちが遊んでいるモノを欲しがり、すぐにケンカになる子ども

\ Before /

自分の欲しいおもちゃがどこにあるのかわからず、全部のおもちゃを保育室いっぱいに広げてしまい、何をして遊んでいたのかわからなくなっているようです。それが原因でおもちゃの取り合いになることもたびたびあります。おもちゃの数を増やすことも考えますが、数ばかり増やしては、今度は片づけが大変です。どうしたらよいのでしょうか……。

一人ひとりの子どもに十分なおもちゃを用意することも大切ですが、遊びが始まると、「あの子の持っているおもちゃが欲しい」などと強いこだわりを示す子どもがいます。おもちゃの数を揃えるだけでなく、「どんなおもちゃが、どこにあるのか」を可視可する環境を意識して、整理棚の工夫をしてみましょう。片づけもスムーズにいくような環境を視野に入れていきましょう。

After

同じ種類のおもちゃで整理できるように、収納ケースを分類しました。同時に、ケースの中にあるおもちゃ等の写真を貼って、子どもたちにも中に入っているおもちゃの種類がわかるようにしました。ちょっとした「見える化」の工夫で、トラブルが少なくなりましたし、片づけの習慣が徐々に定着しています。

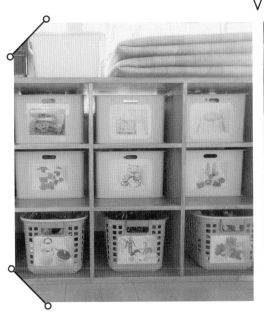

おもちゃの整理棚を、写真を使って「可視化」したことが、子どもがおもちゃの種類を把握したり数や大きさを理解したりするきっかけになりました。写真は、常に最新の内容にしておくことも大切です。衛生管理や安全管理を含めて、おもちゃの環境管理は重要になっています。子どもたちの好きなおもちゃの傾向が把握でき、同時に数や種類を増やすべきおもちゃがわかるため、環境の改善の一助になるでしょう。

室内遊び⑨ 友だちが遊んでいるモノを欲しがり、すぐにケンカになる子ども

室内遊び⑩

片づけが困難な子ども

\ Before /

ホールでは、ブロックを片づける場所を、保育者がなんとなく暗黙で決めていました。「片づけましょう」と伝えると、片づけをしてくれる子どももいるのですが、片づけをまったくしない子ども、片づけたブロックを再び積んだり崩したりして遊びはじめてしまう子どもがいました。

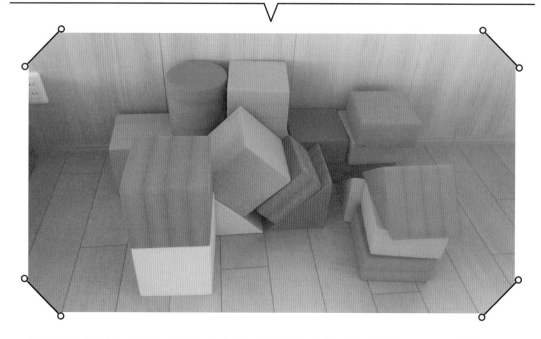

保育者は片づけの言葉かけをしますが、片づけ方や片づける場所について明確に示していませんでした。子どもは、遊んだ後の雑然と寄せられたブロックを見ても、どのような状態になれば「片づけられた状態」なのかを理解することが難しいでしょう。整理整頓された状態をイメージできるような工夫が必要です。

∖∖After∕∕

ブロックの色と合わせたビニールテープで囲み、色ごとに片づける場所を決めることで、シンプルながらもきちんとその場所に戻すことが伝わりました。きれいに並んでいる状態から遊びはじめるため、遊びのイメージも広がりやすく、思い思いにイメージをもって遊べるようになりました。片づけをするときにもブロックが枠に収まるようにと、片づけを楽しむ様子が見られるようになりました。

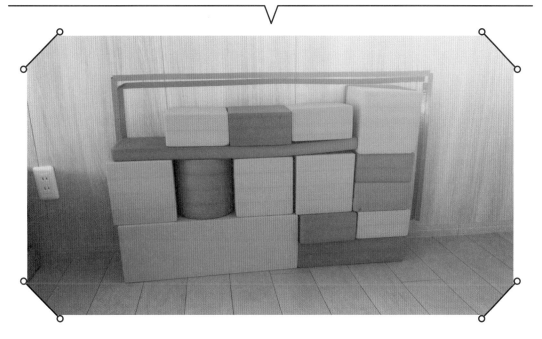

ブロックの色ごとにビニールテープを使って区切ることで、色と場所がはっきりしました。これにより、子どもたちにも理解しやすく、見通しをもってブロックを適切な場所に戻すことができるようになったようです。こうした工夫は、ただ片づけをさせるのではなく、ブロックを四角い区画に合わせて収めることがゲームのように楽しい活動となり、子どもが主体的に活動する機会になったと思われます。

遊びのイメージを形にできない子ども

\ Before /

コーナー遊びの際に、ふらふらと動き回り、どのコーナーにも入れない子どもがいます。絵本コーナーにいることもありますが、絵本を読みたくてそこにいるというより、することがなくて仕方なくいる、という感じです。製作をしている友だちのまわりをうろうろして観察はしているので、どうやら興味はあるようです。

子どもにとって、自由に遊ぶ時間にしっかり遊びこめて満足できることは重要なことです。しかし、なかには十分に遊びこむことができず、何となく時間を過ごしているだけに見える子がいます。製作に興味はあり、おぼろげには自分がつくってみたいイメージがあるものの、具体的にそれを形にすることができない場合があります。このような場合には、子どものイメージを明確にする手助けが必要です。

\\After//

絵本を眺める様子、友だちの製作を観察する様子から、「食べもの」と「乗りもの」に興味があることがわかりました。そのため、本棚に置く絵本をこの2つのテーマに絞り、テーマを取り入れた製作遊びに誘ってみました。絵本と照らし合わせながら製作を行うことで、イメージができたようで、「レストランの配膳ロボット」づくりに参加することができました。

絵本コーナーに、子どもの興味のありそうなテーマの絵本を中心に置いたことで、イメージが明確になり、製作遊びに参加できた例です。丁寧な観察から、本当は製作遊びに参加したいことを保育者が見取り、環境を整え、興味があることを活かせる誘いかけをしたことが、イメージを形にした製作へとつながっていきました。

ほかの子どもの遊びが気になり、遊びに没頭できない子ども①

\ Before /

　1つの机に複数のおもちゃを配置していました。1つの机に対して座る場所も多いため、友だちがお絵描きをはじめると今までの遊びをやめて、目に入った遊びに転々と移り、遊びこめていない様子の子どもがいました。おもちゃの取り合いもあり、噛みつき等のトラブルも多く発生していました。

机上での遊びの空間が明確に区別されていないため、1つの遊びに集中できないのでしょう。また、複数のおもちゃが同じ空間に存在すると、子どもたちの間でおもちゃの取り合いが発生しやすくなります。

\After/

子どもたちそれぞれが自分のやりたい遊びを見つけ、遊びこめるようになりました。一人ひとりが遊びこんでいるため、誰かが「お絵描きした〜い！」「キラキラ（モザイクで模様をつくるおもちゃ）した〜い！」などと声をあげても、みんなが気をとられ集まることが減り、おもちゃの取り合いなどのトラブルは減少しました。

室内遊び⑫ ほかの子どもの遊びが気になり、遊びに没頭できない子ども①

机を分散して配置し、さらにあらかじめすべての机におもちゃを設置します。それぞれの活動に特化した明確に分けられた空間をつくり、子どもたちが特定の遊びに集中できるようになっています。また、各空間に配置するおもちゃや活動を適切に限定することで、子どもたちが１つの遊びに焦点を合わせやすくなります。

ほかの子どもの遊びが気になり、遊びに没頭できない子ども②

\ Before /

広い保育室ではさまざまな遊びがそれぞれの場所で展開されていますが、ただ歩き回っているだけで遊びに夢中になれない子どもがいました。保育者が遊びに誘いますが、まわりの友だちの遊びや園庭での遊びが気になって保育室をうろうろしています。

遊ぶ場所が区切られていないため、静かな遊びをする子どものまわりでほかの子どもが走り回っています。さまざまな遊びが1つの大きなスペースで同時に行われており、子どもは1つの遊びに没頭することが難しい状況です。周囲の活動が気になり、特に集中力が散漫しやすい子どもは遊びに没頭しにくくなります。

After

身体を動かせる遊びのスペース、カードゲームのできるスペース、お絵描きスペースと、3つのエリアに分けました。静かな遊びが好きだったようで、カードゲームに集中して遊ぶ姿がみられるようになりました。静かな遊びのあとは身体を動かして遊ぶといった様子がみられ、スペースが分かれることでメリハリがつき、夢中になって遊びこむ時間が増えました。保育室で歩き回る姿は見られなくなりました。

遊びや活動ごとに専用のコーナーを設けることで、子どもたちが1つの遊びに集中しやすくなります。子どもの遊びの好みを把握し、集団の発達や季節に応じて静と動の遊びのバランスを考慮するとよいでしょう。

室内遊び⑬ ほかの子どもの遊びが気になり、遊びに没頭できない子ども②

製作物を棚にうまく置けない子ども

\ Before /

製作物は、「持ち帰りたい子は持ち帰る」「翌日以降もそれで遊びたい子は棚に置いておく」ということにしています。棚の上を製作物の一時保管場所にしています。あとから置く場合は、スペースのないところにバランスよく重ねないといけないのですが、なかにはうまく置けず、何度も落としては置き直している子どもがいます。時間をとられてしまい、次の活動にスムーズに移れません。

不器用な子どもは、平らでない場所にバランスをとって物を置くことが難しいです。

また、ほかの子どもの製作物を落としたり、壊したりしてしまう危険性もあります。

置くスペースを工夫することで、リスクを回避することができます。

\\After//

まず、棚の左横にゲームボックスを置いて、製作物を置くスペースを広げました。その上に、剣などの細長いものを立てて入れられるように、牛乳パックを利用して収納ボックスをつくりました。友だちの製作物の上に重ねなくても済むようになり、落とさずに置けるようになりました。

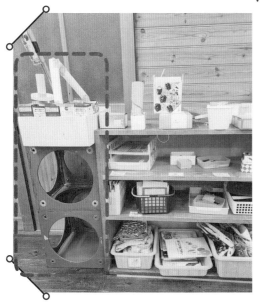
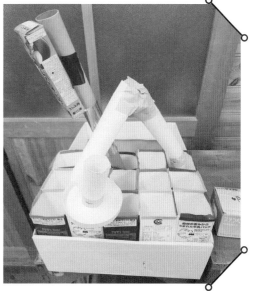

牛乳パックが仕切りになっているので、倒れることやほかのものと混ざることがなくなり、置きやすくなりました。また、視覚認知が弱い子どもの場合、乱雑に物が集まっているところは大きなかたまりに見えてしまい、必要なものを見つけることがなかなかできません。区切りがあると見つけやすく、自分の製作物で再び遊ぶときにもスムーズになりますし、友だちの製作物を乱暴に扱うこともなくなりますね。

みんなと同じ場所で
読み聞かせが聞けない子ども

＼ Before ／

　3歳児の5月ごろ、子どもたちは保育者の周りに集まって絵本の読み聞かせをしてもらうことに慣れてきています。このあとそのまま帰りの会ができるように、椅子を並べて読み聞かせをしています。ところが、絵本を独占しようとたびたび席を離れる子どもの様子が気になります。ほかの子どもが「絵本が見えないよ」と言ってクラス全体が落ち着かなくなってしまいます。

　3歳児のこの時期は、すべての子どもが同じように集団での行動になじんでいくわけではありません。その場に集合し、同じ姿勢で話を聞くように指導するのは難しいですよね。保育室に一緒にいるだけでもよいでしょう。担任補助の保育者にそばにいてもらうのも1つの方法ですが、「一緒の行動が苦手」な子どもの場合、「みんなからも見えるが、本人の気持ちも落ち着く安全基地」をセッティングするとよいでしょう。

\ After /

「席を離れるのは、絵本を独り占めにして一人で読みたいからかな」と思い込んでいましたが、実はその場でみんなと読みたい気持ちがあるようでした。絵本棚のそばにソファーマットを敷いたことで、みんなと同じ空間にいる満足感を感じながら落ち着いて読み聞かせを楽しめるようになりました。ほかの子どもの席もマットにしたことで、クラス全体がリラックスできるようになりました。

保育者は「みんなと一緒に読みたいけれど落ち着かない」という子どもの心情をとらえて環境を工夫しました。集団での行動になじみづらい子どもだけでなく、その日の心や体のコンディションが悪い子どもにとっても、居心地のよい「ソファー」には、安全基地の効果があります。その子の安心感や所属意識を損なわないことも、配慮すべき点です。ほかの子どもたちにも、違和感のない環境として受け入れられることでしょう。

室内遊び⑮ みんなと同じ場所で読み聞かせが聞けない子ども

室内遊び⑯

負けを認めたくないとき、
パニックになる子ども

\ Before /

　3歳児クラスでは、個々の発達過程の違いから、椅子とりゲームのルールがわからず、椅子に座れなかったときにどうしても「負け」を受け入れることができないパニック状態になる子どもがいます。加配の保育者に個別対応をしてもらうのですが、それでも落ち着かないときはどうしたらよいでしょう。

　3歳ごろは、「ルールのある遊び」に興味をもち始める一方で、自分の想像していた状況と異なると、パニックになることがあります。簡単にその状況を受け入れることができない行動をとる子どももいますよね。負けてしまった子どもたちのウェイティングスペースを設けて、「たとえ負けても悔しくなく、応援して参加する」などの楽しい空間になるよう工夫してみましょう。

\\After//

「負けても楽しい！」を実現できるように、応援席を作ってみました。応援するときに使うボンボンやフラッグを椅子の上に置いてみました。すると、椅子とりゲームに負けた子どもが泣かないで、いさぎよく応援席に座り、応援を楽しむ姿を見ることができました。

椅子とりゲームは、年齢に応じた楽しみ方があります。年長さんであれば、「○○ちゃんは、頑張ったから最後まで勝ち残ったんだ」と納得ができるのですが、3歳未満の子どもたちは、「勝ち・負け」といったルールを、素直に受け入れられない子どもが大半です。負けても「応援」という魅力ある役割が可視化できるような応援グッズを準備するだけで、遊びのムードが変わっていきます。

室内遊び⑯ 負けを認めたくないとき、パニックになる子ども

順番待ちが難しい子ども

\ Before /

ホールには、備え付けの滑り台があり、子どもたちも大好きです。しかし、上り下りをする階段は段差も高く危険を感じることがありました。また、順番待ちができない子どもがいて、階段で友だちを押すことがあって危険です。保育者間で話し合い、使用禁止にすることも検討しましたが、みんなの楽しみが奪われてしまうので悩んでいます。

異年齢の子どもたちが使用する場所です。幼児期の子どもは順番を意識して待つことができるため転倒等の危険は少ないようです。しかし、乳児期の子どもは順番を待つことが困難であったり、身体の発達の状態からも転倒等の危険が伴います。このような場合、どうしても遊びを禁止してしまいがちですが、滑り台に興味を示し、チャレンジしたい子どもの気持ちを大切にしましょう。

After

マットを敷くことによって階段の段差が斜面のようになったことで、ハイハイのスタイルで上ることも可能になりました。歩いて上ったり下りたりしても段差の角が保護されているため、安全です。滑り台に興味を示しながらも、階段が怖くて避けていた子どもたちも挑戦するようになりました。マットに丸模様があることで、丸の位置で順番を待つ姿が見られるようになりました。

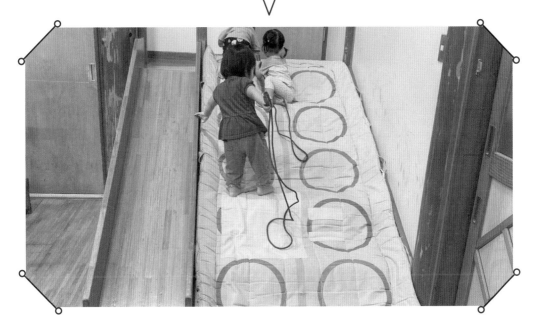

ハイハイのスタイルで段差を乗り越えることが可能になり、歩行が不安定な子どもたちも安全かつ自立した移動ができるようになりました。マット上に丸模様があることで、子どもにとって見通しがもちやすくなり、「順番を待つ」といった自己調整能力も育まれました。

色鉛筆の片づけが難しい子ども

\ Before /

　5歳児の保育室では、塗り絵やお絵描きをする際に、色鉛筆の入ったケースを一人ずつ持っています。友だち同士、同じテーブルでお絵描きをしていると自分とほかの子どもの色鉛筆が混ざってしまいます。言葉かけをしても理解が難しい子どもは、片づける際にも、どのケースに入れたらよいかがわからず、鉛筆の取り合いが起きたり、自分の色鉛筆がなくなってしまいます。

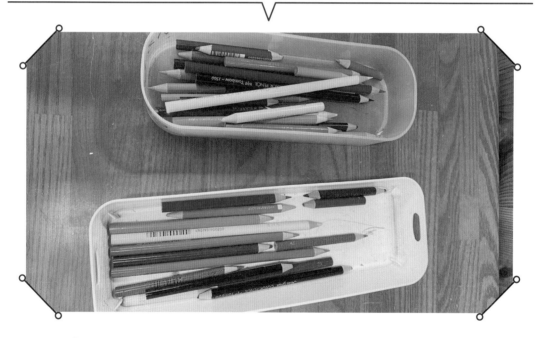

子どもが自分の色鉛筆ケースを持っているものの、工夫がないために色鉛筆が混ざり合いやすい状況が生じています。どのケースにどの鉛筆を入れるのかがわかりやすくなる工夫が有効です。

\\After//

ケースと色鉛筆を色で分けることにより、どのケースにどの色鉛筆が入っていたのかが、視覚的に見分けられるようになりました。そのため、色鉛筆を使っている際には、自分のものとほかの子どものものとを区別しやすくなりました。また、片づけるときには、色で分けられるため、ケースにどの色がないのかを探すことなく、片づけられるようになりました。

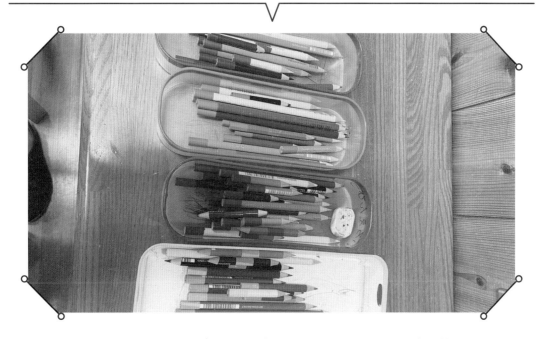

ケースのふちにビニールテープで別々の色をつけました。そして、色鉛筆にもケースのふちと同じ色のビニールテープを巻き、色分けすることで、特定の色をシンボルとして視覚的に識別できるようになります。収納するためのルールを理解すると自分の持ち物を認識しやすくなり、混乱や紛失を減らすことができるでしょう。

室内遊び⑱ 色鉛筆の片づけが難しい子ども

水遊びが怖くて、再び登園しぶりが はじまった子ども

\ Before /

7月上旬には、新入の3歳児の子どもたちもすっかり園の環境になじみ、登園しぶりがなくなっていました。ところが初めてのプール遊びが始まった途端、「プールに入るのはいやだ」といって登園をしぶる子どもがいて、対応に困っています。どうしたらいいでしょう。

7月は、ようやく園の環境にも慣れ、一人ひとりの子どものやりたいことが実現できるようになってくる時期ですよね。とはいえ、大きなプールに集団で入る経験は、プール体験が初めての子どもにとって、環境そのものが大きな不安要素になります。初めての環境が、不安を増大させているのでしょう。子どもたちの「いつも遊んでいるおもちゃ」「なじみのある環境」がヒントになるのではないでしょうか。

\After/

子どもたちが不安にならない環境を考えてみました。プール際に、いつも遊んでいるおなじみのおもちゃを置いてみました。すると、最初は緊張して保育者のそばから離れなかった子も、おもちゃを手にとり、不安が吹っ切れたような笑顔になってプールに入ることができました。

7月にもなると、季節ならではの「水遊び」に対する興味や関心が芽生えています。しかし、泳いだ経験がない子どものなかには不安が広がるでしょう。その場合、加配の保育者に人的な安全基地として寄り添ってもらい、その子の心情に合わせた遊びの提案をすることも1つです。また今回のように、「いつも遊んでいるおもちゃ」を用意しておくことも物的な安全基地としての効果を発揮することでしょう。

一人でいつまでも水遊びの道具を
独占してしまう子ども

＼ Before ／

　3歳児クラスに、ある行動にこだわるとそれ以外の状況が目に入らなくなってしまう子がいます。園庭での遊びでは、水道のまわりに置いてあるタライを独占し、ほかの子どもたちから苦情が出てしまいます。本人を落ち着かせるためには、タライを使うことはやむを得ないと思いながらも、みんなが水遊びを楽しめるにはどうすればよいのか悩んでしまいます。

何かに「こだわり」をもつ傾向の強い子どもがクラスにいる場合、「こだわり」のあることやモノを取り上げることは、かえってその子どもを不安定にします。こだわっているおもちゃ等があれば、むしろその数に注目してはどうでしょう。経費はかかりますが、子どもたちの心の安定感を得るのが最優先です。

\After/

夏は特に、その気持ちよさから誰もが水を使って遊びたがります。まずは、タライの数を増やして、誰もが思う存分タライの中で水遊びができる環境をつくってみました。すると、トラブルを起こしていた子どもも、仲よく一緒に遊ぶ姿がみられるようになってきました。

外遊び②　一人でいつまでも水遊びの道具を独占してしまう子ども

おもちゃの数を増やすことは、とても効果的です。「こだわりの水遊び」を継続したい子どもや、その隣で同じ遊びをやりたがる子どもたちが、めいめい心おきなく遊べる環境の再構成は、一人ひとりの満足感を満たすだけでなく、相互の仲間意識や絆を芽生えさせる効果もありました。おもちゃの数と遊びの深まりのバランスについては、保育者間でその適切性を振り返り、そのつど再構成する必要があるでしょう。

片づける場所がわからない子ども

\ Before /

子どもたちが園庭用のおもちゃを片づけるとき、どこに何を戻したらよいのかわからないようです。子どもたちが自分でおもちゃを片づける際に混乱し、また、次に遊ぶときに必要なおもちゃを見つけるのも一苦労で、モノの取り合い等も見られました。

異なる種類のおもちゃが１つのかごに入っていて、子どもたちにはどのかごに何を戻せばいいのか理解しにくい状況でしょう。どこに何を収納したらよいか、子どもにとってわかりやすい工夫が必要です。

\\After//

写真で収納場所を示すだけで、子どもたちが自分たちの力で片づけを行い、それぞれのおもちゃを元の場所に戻す様子がみられました。子どもたちが楽しみながら整理整頓するようになり、片づけは保育者が子どもをたくさん褒める場面へと変わりました。

写真を使用して、各かごに戻すおもちゃを示しました。視覚に訴える手法を取り入れたことで、言葉の理解が難しい子どもたちにとって、どのかごにどのおもちゃを戻せばよいのかを直感的に理解できるようになりました。自然と整理整頓のスキルを身につける機会を得ることができます。

靴の着脱の場所がわからない子ども

\ Before /

テラスから外に行くときに、どこで靴を履いたらよいかわからない子どもがいます。どの段も見た目が同じであるため、どこまでが裸足で遊ぶ場所で、どこからが靴を履いて遊ぶ場所なのかわかりづらく、裸足で下まで降りて行ったり、靴を履いたまま上がってきたりする子どもたちが多くいました。

一番上の段のみ裸足で遊ぶスペース、上から二段目以降は靴を履いて遊ぶスペースになっています。しかし、どの段も見た目が同じで、子どもたちの目にはどこまでが裸足で行っていい場所なのかが理解しづらいでしょう。明らかに視覚的な区別が難しく、子どもの混乱を招きます。

\After/

人工芝のマットを敷くことで、「この段からは靴を履いて遊ぶ」ということがわかり
やすくなりました。また、外へ出る際はこのマットのある場所で靴を履くということ
が定着し、外へ行く流れがスムーズになりました。

明確な区分を設けるため、子どもたちの目に入りやすい場所に人工芝のマットを設
置しました。視覚的な区別がないと、子どもたちがどの段で何をすべきか混乱しやす
くなります。この混乱は、子どもたちが遊びに集中することも妨げます。色や模様の
違いなど、明確な視覚的区分を設けることで、ルールを適切に認識できるようにな
ります。

止まって待つことが難しい子ども

────────────────\ Before /────────────────

室内から園庭へ出るときや廊下を移動するときなど、周囲を見ずに走り出してしまうことの多い子どもがいて、時々周囲の子どもとぶつかってしまいます。保育者が「ゆっくり歩こうね」「前を見て歩こうね」と伝えたときは、一瞬ゆっくりと歩く姿もみられますが、また次の瞬間には早歩きで移動してしまいます。

保育者からの注意や指示といった言葉を「聞く」だけでは、情報がうまく頭に入らないのかもしれません。そういった際によく考えられるのは、イラストや写真などの「見る言葉」の活用です。見る言葉は、聞く言葉では伝わりにくい子どもとのコミュニケーションにおいて重要な方法となりますが、より大切なのはその内容です。

＼After／

「走ってはいけないこと」を示したイラストを貼り、保育者が一緒に注意喚起を促すと、止まる姿がみられるようになりました。しかし、しばらくすると、また走り出すようになってしまいました。そこで、子どもの興味が高かった信号機や道路標識を止まってほしい場所につけると、自分から関心をもって立ち止まり、信号機などを指差しして確認したあと動き出すようになりました。

子どもにとって、「聞く言葉」だけよりも「見る言葉」を加えたほうが伝わりやすいのは確かなようです。ただ、「いけない」「ダメ」というメッセージでは、伝わっても行動に移すには限界がありました。子どもの興味関心を取り入れ、遊びの要素を含めつつ伝えたことで、結果的に止まる行動に結びつきました。保育者も「止めるための言葉かけ」ではなく「楽しいことを共有するかかわり」のほうが嬉しいですね。

高いところに登ってしまう子ども

\ Before /

子どもたちが作った作品を保護者やほかの保育者、子どもたち自身にも見てもらえるように、保育室前の廊下に展示しました。しかし、どうしても作品を見たい、触りたいと言ってベンチの棚の上に登る子どもがいて、ほかの子どもたちもつられて登ってしまいます。ベンチの棚は幅も狭くて、登ると落ちてしまう危険もありました。

いちご2組

作品は、子どもたちが触って取ってしまったり、壊したりしないように、手の届かないところにワイヤーを張って、一つひとつクリップで挟んで展示しています。子どもたちの手の届かない高さに設置し固定することは、作品を保護するうえで有効な方法かもしれません。しかし、このことにより子どもたちが作品を見たり触ったりしようとして、より危険な行動に出る可能性があります。

\After/

子どもの目線で、あえて子どもの手の届く高さに作品の位置を変えることで、ベンチに登る行為はなくなりました。友だちと一緒に見ながら、子ども同士の対話も盛んになりました。手の届くところにあることで、壊してしまうのではないかと心配していましたが、大切な作品であることを伝えると、壊す子どもはいませんでした。親子間や保育者と保護者間の対話も生まれました。

廊下② 高いところに登ってしまう子ども

あえて作品を子どもたちの目の高さに展示したことで、子どもたちが安全に鑑賞できるようになりました。また、「大切な作品であること」を伝え、作品に触れること自体を教育的な活動として取り入れ、子どもたちが作品に対してどのように接するべきかを学ぶ機会にすることもできます。子どもの目線で展示を考慮することが子ども同士の会話や保育者と気になる子の保護者とのコミュニケーションにも役立ちました。

階段の手すりで遊んでしまう子ども

\ Before /

子どもは、何にでも興味・関心があり、階段の手すりもスリリングな遊びになってしまうことがあります。特に、手すりが子どものつかみやすい高さにあり、手すりに腰かけて滑ろうとする子どもがいたため、安全面に問題がありました。何度注意してもなかなかやめてくれません……。

階段の手すりが、特につかみやすい高さにある場合、子どもたちはそれを使って遊び始めることがあります。このような遊びは安全面へのリスクを伴い、事故や怪我のリスクを高める可能性があります。手すりの本来の目的（安全なサポートとしての使用）を伝えるとともに、そもそも滑って遊ぶことができなくなるような適切な環境整備が必要でしょう。

After

手すりに滑り止めを貼ることで、腰かけて滑るということがなくなりました。また、滑り止めが付いたことで、小さな子どももしっかりとつかまって階段の上り下りができるようになりました。「危ないよ」といった保育者の注意もなくなりました。

気になる子どものなかには、衝動を抑えることが難しい子どもがいます。また、活発で危険を自覚しづらい子どもたちにとっても有効な安全対策です。手すりに座って滑るような行動は、落下や衝突といった事故につながりやすく、このような行為を事前に防ぐことは重要です。子どもたちの安全を確保し、同時に保育者の負担を軽減する効果的な方法でしょう。

落ち着きがなく走り回ってしまう子ども

\ Before /

保育室の中を走り回ってしまう子どもがいます。特に、やりたい遊びが見つからないときなどは、走ってしまいがちです。誰か一人でも走りはじめるとそれにつられて、ほかの子どもも一緒になって走り出してしまいます。危ない場面もあるので、つい大きな声で注意してしまいます……。

机と机の間が空いていて、直線になっています。このような直線は、障害となる物がないので、見通しがよくなり、思わず走りたくなります。遊びが見つからないこともあり、「走っちゃえ！」と、走ることで時間をつぶします。

After

子どもが「いつ走り出すか」という緊張感がなくなりました。私自身が落ち着いて子どもと遊べます。子どもに「お部屋は走っていいんだっけ？！」と大きな声を出すことで子どもの遊びを中断させていたように思い、反省しています。

あえて、「走れない環境」にしました。直線があると思わず走り出してしまうため、机をジグザグに配置することで、視野に制限が加わり、走りづらくなります。言葉かけを少なくするために環境を変えるという視点が大切です。少し視点を変えるだけで、子どもも保育者も過ごしやすくなります。なお、机の角にはけが防止のウレタンをつけておくとよいでしょう。

園庭と室内の切り替えが難しい子ども

\ Before /

夏場などは、風通りを良くするため、園庭から保育室に入る通用口は開けておくことがありました。しかし、園庭での遊びが終わっても、通用口から、また園庭に出ようとしてしまう子どもがいます。静止すると保育室を走り回ってしまい、それにつられて何人かの子どもも走り回って困っています。パーティションを作りましたが、倒されてしまいました……。

通用口で園庭と保育室が直接繋がっているため、子どもたちは保育室と園庭を簡単に往復できます。子どもたちは外遊びから室内での遊びへと気持ちを切り替えることが難しいかもしれません。

＼After／

子どもたちが保育室に入った後は、通用口にテーブルと椅子を置きました。すると、特定の子どもが保育室と園庭を頻繁に往復する行動はなくなりました。子どもは外遊びの興奮状態から室内での落ち着いた状態に切り替えることができるようになりました。ほかの子どもたちも落ち着いて次の活動に移行できています。

通用口に小さいテーブルと椅子を用意し、好きな絵本を選んで読めるスペースにしたことで、園庭は動の空間、保育室は静の空間というように区切ることができました。このように、空間と行動を区切る要素を設けることで、子どもの行動や気持ちが安定します。

飼育物の観察場所を
独占してしまう子ども

\ Before /

保育室でカブトムシの飼育をしていました。カブトムシの飼育ケースは子どもたちが
いつでも観察したり、世話ができたりします。しかし、みんなで一緒に見ようとする
と一人の子どもが独占してしまいます。友だちから「見えない」と言われたり、「ぼ
くが先にいた」と場所の取り合いになったりと、トラブルが絶えません。

観察スペースが狭く、飼育物が見える場所が限られています。子どもたちが順番に
見ることが望ましいのですが、現実的には、なかなかほかの子どもに譲ることは難し
いでしょう。また、子どもたちの視点を考慮するために、手の届く棚に配置していま
すが、これにより見える場所が限られてしまい、子どもたちが十分に観察することは
難しいでしょう。

After

保育室の中央にある棚の上に設置することで、子どもたちは360度どの方向からでも一斉に観察することができるようになりました。複数人で会話を楽しみながら観察することができ、場所の取り合いはなくなりました。

飼育物の観察場所を独占してしまう子ども

みんなで一斉に観察できるようになると、子どもたちが一緒に観察や探索を楽しむ機会が増えました。この配置により、子どもたちへ自然なコミュニケーションの場を提供できます。

人前で話すことが不安な子ども

＼ Before ／

クラスの子どもたちの前で発表することがとても苦手な子どもがいました。みんなの前に立つことはできるのですが、身体をもじもじとさせて、黙りこんでしまいます。なんでお話ができないのだろうと、保育者が少し強い口調で子どもに問いかけてしまうことがありました。そのようなときは、泣き出してしまうこともあります……。

ある状況では問題なく話すことができるのですが、特定の状況になると急に話せなくなる子どもがいます。自分の意思で話さないのではなく、話す必要があると思っても話すことができなかったり、体が思うように動かせなくなり固まってしまったりする子どももいます。「言葉で表現する」ということにとらわれず、多様な表現方法を検討してもよいかもしれません。

\After/

発表の際に言葉で話さなくてもよいように、ホワイトボードと子どもが選択できるカードを複数用意してみると、発表できるようになりました。恥ずかしがり屋で「わざと話さない」と思っていましたが、誤解していました。発表の際は表情も良く、信頼関係が築かれたと実感しました。ほかの場面でも「言葉で話すこと」を求めるのではなく、さまざまなコミュニケーションの方法を考えられるようになりました。

人前で話をすることには、少なからず誰しもが緊張や不安を伴います。話すことを無理強いしてしまうと不安が高まり、子どもに恐怖を与えてしまうことがあります。文字・記号、機器等のコミュニケーション手段を子どもに合わせて選択して活用することで、子どもの他者とのコミュニケーションが円滑にできるでしょう。

園内のいろいろな場所へ
移動する子ども

＼ Before ／

気の向くまま園内のいろいろな場所に移動して過ごす子どもがいます。担任の保育者
は、その子が保育室から出ていくと、大きな声で名前を呼びながら追いかけ、保育室
に戻るように働きかけます。毎日のように繰り返されるので、どうすればよいか悩ん
でいます。

保育室から出ていく子どもは、いろいろなものに興味関心があるようです。園ではい
ろいろなところへ移動する子どもをクラスに戻す視点をもちつつ、その探索行動を
園全体で保障できるような方策も検討していきました。偶然、研修でインカムを使っ
ているほかの園の様子を参観したのをきっかけに、この園でも取り入れてみることに
しました。

＼ After ／

子どもが保育室から出ていってもすぐには追いかけず、インカムを通して全保育者へ、その子が保育室から出ていったことを伝え、様子を見るようにしました。すると、子どもが移動した先の部屋にいる保育者からすぐに連絡が入り居場所を知らせてくれました。そのため、保育者は落ち着いて、またタイミングを見計らって、子どもを呼びにいくことができるようになりました。

デジタル機器の導入には、いろいろと不安や戸惑いがあるかもしれません。しかし、この事例では、それらを導入したことにより、保育者が子どもを追いかける姿が減り、子どもの声が園全体に広く響くようになりました。また、クラス担任だけでなく、より多くの保育者がその子どもとかかわることになり、さまざまな情報や考えが交換できるようになった点も、興味深いところです。

その他⑥

棚に乗りたがる子ども

\ Before /

高いところが好きな子どもがおり、特に気持ちが昂ったときに、保育室の机を使って棚の上に乗ってしまいます。危ないから降りるように伝えますが、なかなか降りてくれません。結局、嫌がって強く抵抗する子どもを、保育者が抱っこして降ろしています。でもまたすぐ乗ろうとしてしまい、繰り返しになってしまいます。

「棚に乗る子どもを注意する」のではなく「子どもが棚に乗りにくい状況をどのようにつくるか」という視点で考えることが重要です。園ではまず棚と机を離して置いて、子どもが乗りにくいようにしました。さらに、「棚に乗ることでどのような危険があるのか」を目で見てわかるようにイラストに描いて、クラス全員に説明した後に棚の近くに貼っておくことにしました。

After

机との距離を離したことや棚の上に箱を置いたことで、子どもが棚に乗れない状況となりました。また、イラストを用いて、クラス全体と個別的に話をしたことで、「棚に乗ると落ちて危ない」ことをその子なりに理解してくれたようです。今では、棚に乗ろうという様子もなく過ごしています。

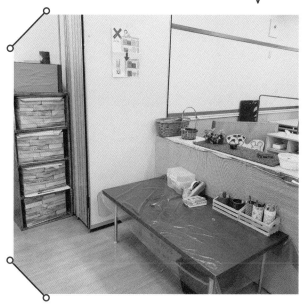

「棚に乗ってはダメ」と何度も口頭で伝えるよりは、棚と机の配置を見直し、棚にあえて箱を置いて「棚に乗れない状況」をつくるほうが、子どもにとってはわかりやすかったようです。「なぜ棚の上に乗りたくなるのか」「棚に乗ることはなぜ『危ない』のか」を子どもの目線に立って考え、環境を整えていくことが大切です。

第3章

気になる子が過ごしやすくなる

園環境の
+α

物的環境以外の視点

　第2章では、さまざまな環境構成例を見てきました。けっして大改造のような大袈裟なものではなかったのではないでしょうか。限られた環境のなかで、気になる子やほかの子どもの状況を捉え、できる限りの工夫をすることが大切です。環境構成は、保育者の腕のみせどころなのです。楽しみながら、ときには子どもと相談しながら取り組んでみてください。

　そこで、楽しみながら取り組むために、ここではさらにプラスアルファで配慮しておいたほうがよい視点を解説していきます。配慮してみると保育がさらに充実するはずです。

重要な人的環境

　人的環境である「保育者」も、重要な環境の1つです。したがって、保育者も自分が重要な環境の1つであることを意識して保育をするとよいでしょう。

　保育者は、状況に応じて柔軟に表情、動き、服装、言葉のトーンなどを変化させていくことが求められます。子どもたちを温かく包み込むような雰囲気や、逆に厳格で張り詰めた雰囲気などを変化させながら作り出していきます。

　たとえば、大通りを通過する散歩のときに、注意事項（お約束）を話すとします。この場合は、緊張感をもった表情でハキハキと言葉をかけます。逆に、食事のときには、リラックスした表情で丸みを帯びた言葉をかけます。

　保育者は、このようなことを意識して保育をしましょう。また、気になる子の多くは、表情から感情を読み取りづらかったり、言葉の"微妙なニュアンス"が理解しづらかったりします。保育者は、表情や言葉などを意図的にコントロールして、子どもに伝わる努力をしていくとよいでしょう。

●服装

　服装は、保育者にとって専門性が発揮されるものです。

　「お話ししている人を見て」「ちゃんとこっちを見なさい」など、子どもの視線が合わないことに違和感を感じ、視線を合わせるよう促す言葉かけをしたことはありませんか？　話をしているときに子どもと視線が合わないと、話を聞いてもらえているか心配になりますよね。

　子どもの視線が合わない原因は、いくつか考えられます。そのうちの1つに、保育者が着ているTシャツやエプロンなど、衣服に目立つキャラクターが描かれていて、注意がそれているということがあります。

　たしかに、かわいらしく優しいキャラクターがプリントされている衣服は保育室になじみやすいと感じられます。しかし、キャラクターが大きすぎたり、色合いが派手だったりする

と、そちらのほうに注意が向き、結果として視線が合わなくなることがあります。あるいは、大きくリアルな動物が描かれているエプロンなども、刺激が強すぎて保育者のほうを見てくれません。くれぐれも保育者が「かわいい」「（自分が）着たい」という理由だけで着るのではなく、「子どもにとってどうなのか？」という理由で選びたいものです。

また、刺激の強い色や、絵が描かれている衣服・エプロンも避けましょう。濃い色よりは、柔らかいパステルカラーが保育室には適しています。これらのことは、気になる子に対してだけにいえることではなく、どの子にとってもいえることだと思います。

一方、たとえば、広い公園に散歩に行くときや交通量が多い道路での散歩などでは、よく目立つ色（赤やオレンジ、黄色など）の衣服を着ると、保育者がどこにいるか一目でわかります。

●話し方

社会的にみた保育者のイメージに「明るく、元気」であることがあげられます。元来、子どもが好きで、「子どもと一緒に遊びたい！」と思っている時点で、おおよそ、そのイメージにあてはまる保育者は多いと思います。

話し方も例にもれず、「明るく、元気」が発揮されており、子どもに対するリアクションも「そうそう！」「なるほど～！」など「明るく、元気」です。子どもは自分の話を聞いてくれる保育者を好みますし、ある程度のリアクションは保育技術の1つといえるでしょう。

しかし、注意したいのはリアクションの"しすぎ"です。具体的には、大きな声でのオーバーリアクションです。気になる子に対してテンションが高めのリアクションをした場合、必要以上に興奮をあおり、考えや気持ちがコントロールできなくなることがあるので注意が必要です。

●動きや声の大きさ

　園では、子どもたちが集団で生活をしています。子どもたちは複数名いるので、それぞれが思い思いに話をします。

　保育者はときとしてそのような状況において、声が大きくなったり、動きが多くなったりします。保育者は、自分の声の大きさや動きが子どもの生活や遊びの妨げになることもある、ということを自覚しましょう。

　以下にあげるような行為は、子どもの妨げとなる行為の一部です。

　・子どもが遊んでいる近くで、保育者同士が大きな声で話をする。
　・子どもの遊んでいるすぐ近くを、保育者がバタバタと音を立てて動く。
　・座って遊んでいる子どもの真横を、保育者がスピードを出して通る。

　保育者の動きや声の大きさは、子どものよい刺激にもストレス刺激にもなり得るのです。

音の環境

●大きな音への配慮

　保育室のなかの音は、たくさんの音にあふれています。子どもがおしゃべりする声、子どもが動く音、おもちゃの音、椅子の音、保育者の声などがあります。

　実は、音も重要な環境の1つです。心地よいと感じる音楽や音量は、子どもによって異なります。音は、感じる面が大きく、目に見えないものです。したがって、保育者は意識的に配慮をする必要があります。

　みなさんは、子ども同士で大きな声で話をしているので、周囲の子どもたちもその大きな声に負けまいとさらに大きな声を出して、どんどんクラス全体が大きな声で話をするようになってしまったという経験はありませんか？

　気になる子のなかには、聴覚に過敏さをもっている子がいます。そのような子は、大きな声で話をしている空間が苦手で、耳をふさいだり、その場から避難したりします。声の高まりは楽しい気持ちの高まりでもあるので、どこまで子どもたちを抑制するかは難しいところですが、聴覚に過敏さがある子どもが不快に感じるレベルであれば、「聞こえるからもう少し小さい声でも大丈夫」などの言葉かけが必要でしょう。

　実は、声が大きくなっていく「起点」ともいえる子どもたちがいます。この起点となっている子どもたちを見つけられるかどうかが重要です。起点の子どもたちが大きな声になってきたら、先ほどのように言葉かけをするとよいでしょう。

●オープンスペースにおける配慮

　最近では、保育室が明確に独立していないオープンスペースの園が増えてきています。オープンスペースは、保育者が一度に各保育室を見渡すことができ、各保育室の空気や雰囲気を感じながら過ごすことができるメリットがあります。一方で、音の交差や静かに過ごす環境をつくることが難しいといった特徴があります。

　筆者の経験では、隣のクラスの子どもの大きな声につられて別のクラスの子どもが大きな声を出してしまうといったことがありました。

　聴覚に過敏さがある子どもは、音や声が混ざって聞こえ、かつ反響して聞こえてくるので、苦手な環境になります。疲れている子どもも、ざわざわした環境が苦手です。また、定型発達児でも、知らず知らずのうちに聴覚が刺激されるので、常に興奮状態になっている子もいます。

　このようなオープンスペースの特性を把握したうえで、たとえば下記のように、心地よい環境にするための枠組みを園内でつくりましょう。

・集中することが求められ、かつ毎日するような朝の会などは、合同である。
・ピアノ演奏など音が出る活動のときは、あらかじめほかの保育者に伝えておく。
・リトミックをするなど音を使った活動では、他クラスの子どもたちは園庭で遊ぶなど、室内での活動が重複しないように事前打ち合わせをする。

時間

　時間も環境の一部です。子どものなかで流れている時間と大人のなかで流れている時間は、明確に違います。現代社会は、「迅速化」「効率化」に価値を置いています。そのため、大人の時間に子どもを合わせてしまう危険性があります。保育者は、子どもと大人の時間の違いを自覚しましょう。

　できる限り時間にゆとりをもたせることが重要です。なぜなら、時間にゆとりがあると、子どもは自分が興味・関心をもつことにとことん取り組めますし、保育者も精神的余裕が生まれることから、子どものペースに合わせることができます。

　また、「排せつ」「睡眠」などを一斉に同じ時間でしようとすると、どうしても指示が多くなり、保育者も子どもも嫌な気持ちになりがちです。そのようなときは、時間を細切れにすることも1つの方法です。特に、気になる子が多いクラスであれば、一つひとつの活動を長く設定するのではなく、1つの活動を短くして、複数設定するやり方が効果的です。集中力が求められ、身体を動かさない活動が連続で続くと、気になる子は時間の経過とともに集中力ややる気がなくなっていきます。

　たとえば、「製作活動」を主活動にする日だったとします。「朝の会」から「製作活動」にそのまま入るのではなく、下記のように、間に動きを伴う活動を入れます。静と動のメリハリをつけ、バランスよく取り入れると、子どもの年齢なりの集中を維持することができます。

　①　朝の会（集中する活動）　15分
　②　フルーツバスケット（身体を動かす活動）　15分
　③　製作活動（集中する活動）　20分

　上記の場合、③の製作活動を、「前半10分」「後半10分」と2つに大別するとよいです。もし、気になる子にとって製作内容が難しい場合、前半で作業を切り上げ、後半の10分は保育者のお手伝いなどをするのも1つの手です。

　細かく製作活動を区切ることで、「ここまでできた！」と達成感が味わうことができるとともに、「残りの工程」を子どもと保育者の双方が理解しやすいというメリットがあります。

2 ## 製作活動の環境

教材研究をする

　気になる子の多くは、製作活動が苦手です。手先が不器用であったり、指示を覚えておくことが苦手だったり、興味がないと気持ちを活動に向けづらかったり、イメージがわかなかったりと、理由はさまざまです。いずれにしても、製作活動を嫌いにならない環境を整えることが求められます。

　まずは、嫌いにならないための教材研究を行いましょう。ここでは、手先の不器用さを取り上げます。手先の不器用さがある子どもは、製作活動以外でもみられます。観察して苦手さを確認して、環境を整えるとよいでしょう。手先の不器用さから、製作活動を最後まで続けられず、いつも完成に至らないという子どもは多くいます。

　たとえば、描画です。クレヨンを使用する園は多いと思います。クレヨンには、さまざまな種類があります。不器用さがある子どもには、色が薄くて細いクレヨンは不向きです。

　そのような場合、クレヨンの握り方や塗り方から確認します。そのうえで、「描く対象」「描き方（塗り方）」を、みんなと同じようにしなければいけないと思い込まないようにすることです。

　保育者は、「どのようなクレヨンが使いやすいのか」といった教材研究を継続的に行いましょう。クレヨンについては種類が多いことに触れましたが、長さ、太さ、柔らかさ、濃さなど、さまざまな視点があります。まずは、気になる子が達成感や充実感を味わえるような時間をめざしてください。

　ほかには、はさみを使う活動もあります。気になる子のなかには、4歳児になっても「利き手」が定まらず、思うようにはさみを使うことができない子どもがいます。保護者と相談しながら、「利き手」を決めるとよいでしょう。そのうえで、はさみでは「切る」（「閉じる」）動作よりも「開く」動作のほうが難しいです。今は、力を補助するスプリング付きのはさみがありますので、筋力が弱い不器用な子どもでも使えます。市販で発売している「お助けグッズ」を知っておくことも教材研究の1つです。有効にお助けグッズを活用し、「楽しい！」「2個目も作っていい？」といった気になる子にとっての楽しい時間をめざしていきましょう。

スムーズに活動するための配慮

　気になる子が製作活動をスムーズにできる環境とは、どのような環境でしょうか。発達年齢や製作内容により、若干の違いがありますが、以下の点を心がけるとよいでしょう。

　・特定の仲よしの友だちを目の前や同じグループに配置し、気になる子の楽しい気持ちを

引き出す。
・園庭や絵本の近くなど、ほかに興味が移りそうな席にしない。

また、配慮することはいくつか考えられます。

・遊んで楽しめるようなものを製作するのであれば、活動前に完成品を見せて一緒に遊んでみる。
・失敗経験が蓄積しないよう、できないところは一緒にする。
・最後の「仕上げ」は本人に任せて、達成感を味わうことを狙う。
・ほかの子どもと同じようにすることにこだわらず、ねらいを絞り、素材や道具を変更する。

3 居場所の大切さ

安心して動き出せるように

　入園したばかりの子どもの姿は、実にさまざまです。そのなかに、不安な表情をしながら保育者の近くから離れようとしなかったり、遊ぼうとしなかったりする子どもがいます。周囲の環境に慣れるまで時間がかかるタイプの子どもです。

　慣れない"対象"は、いくつかあります。友だちや保育者といった人的環境や、おもちゃや保育室といった物的環境が考えられ、それらに慣れるまで時間がかかっていると予想されます。

　そのような子どものなかに、朝の支度を終えても自分のロッカーからなかなか離れようとしない子どもがいます。立ち尽くしたまま、友だちが遊んでいる様子を見て過ごしています。仮に、保育者が遊びに誘っても、そこから動こうとしません。

　このような子どもは、ロッカーが「精神的な安全基地」となっていると考えられます。安全基地から周囲を見回すと、おもちゃやおもちゃの配置、友だちや保育者の様子などを把握することができ、心理的に安定するのでしょう。

　しかし、そのような子でも少しずつ周囲の状況を理解し、慣れていくうちにこのような姿は少なくなっていきます。ロッカーを基盤としつつ、半径を広げていくように安心して動き出せる範囲が広がりをみせていきます。つまり、居場所をベースとしつつ、ほかの場所も子どもの生活や遊びの場所として位置づいていきます。

　このような子どもは、私たちに居場所の重要性を教えてくれているように思います。居場所には、「その人が心を休めたり、活躍したりできる環境」という意味も含まれます。

　このことから、2つのことがいえます。

　1つ目は、居場所とは安心が促される場所である、ということです。集団生活をしていると、どうしても思い通りにならないことがあります。たとえば、友だちとのいざこざなどです。いざこざから嫌な気持ちになったとしても、居場所があることで心を元の状態に戻すことができます。居場所にはそのような機能があります。

　2つ目は、居場所とは自分がみんなに貢献し、受け入れられている場所である、ということです。友だちとの関係のなかで自分が友だちの役にたっていると実感したり、その子らしさを出せたりする場所といえます。気になる子は、ときとして友だちの遊びを邪魔したり、自分勝手に振舞ったりして孤立することがあります。孤立を深めると「ここにいてよい」と感じられなくなります。

　このように居場所は、クラスにいる子ども全員にとって必要であることがわかります。また、保育時間が長い子どもほど、友だちといると楽しいけど時々「一人になりたい」「静かに過ごしたい」と感じることがあると思います。この意味でも居場所があるとよいです。

いろいろな子どもの居場所

　気になる子のなかに、過剰とも思えるほど、友だちに攻撃的な子がいます。たとえば、自分に対する悪口ではないのにもかかわらず、自分に対する悪口であると誤認して怒り出したり、手が触れただけなのに「何でたたくの！」と怒り出したりします。このような周囲が違和感を感じるほど友だちに対して攻撃的な子どもは、クラスのなかに居場所がないのかもしれません。

　居場所とは、心と身体が「居る場所」です。攻撃的な子どもに注意をする前に「この子に居場所はあるのか？」と振り返る気持ちをもちたいものです。もし居場所がないのであれば、相談しながら「居場所づくり」をしましょう。まずは、そこからです。

　そのうえで、「あなたがそこにいることも、その場所が好きなことも知っているよ」と笑顔を送ってください。それぞれの場や時間で不安を抱えている子どもの心を置き去りにしないで、ぜひ、保育者の思いを届けてください。

　なお、居場所が保育室内にはない子どももいます。子どもによって安心できる居場所は異なります。特に、気になる子はほかの友だちと感覚や興味・関心が違う面があるため、保育者からしてみれば「（居場所って）ここ？」と疑問に思われることがあるかもしれません。園内であれば、「絵本コーナーと壁の狭い隙間」「ウサギのゲージ近く」「靴箱のかげ」などです。園庭であれば「ダンゴムシの巣の近く」「軒下」などです。

　危険な場所は除きますが、「園環境のすべてが居場所になりえる」ととらえて保障するとよいでしょう。

4 インクルーシブな園環境

　環境構成はけっして気になる子だけのためにするものではありません。どの子どもにとっても過ごしやすく、遊ぶことができる環境にすることが重要です。このような環境をインクルーシブな環境といいます。本書で示しているように、気になる子の問題となる行動は、保育室内外の環境がその子にとって魅力的ではなかったり、わかりづらかったりすることから生じていることがあります。

　インクルーシブな環境をめざすことで、問題となる行動が減少することが見込まれます。

インクルーシブな保育

　インクルーシブな園環境を考える前に、まずインクルーシブな保育について考えてみましょう。インクルーシブな保育とは「インクルージョンを目指す保育」と表現できます。では、インクルージョンとはどのような意味でしょうか。インクルージョンとは、「すべてを包括していて、分離や排除がないこと」を意味します。

　ここでいう分離や排除とは、定型発達児・者や社会が、障害児・者を分離・排除するということです。排除にはさまざまなやり方が考えられますが、保育の文脈においては、保育者や友だちが障害児との関係を避けたり、拒否したりする行為などが考えられます。

　つまり、インクルーシブな保育とは、障害の有無にかかわらず、個性豊かな子どもたちが一緒に育ち合うような保育のことです。一緒に生活しながら、その子らしさを発揮しつつ成長していくことをめざす保育です。

　インクルーシブな保育における大切なこととして、以下の3つがあげられます。原則を踏まえつつ、その場の状況に応じて変えていきます。

①　できる限り同じ場所で生活し、遊ぶこと
②　子どもの状態に応じて保育の在り方を修正していくこと
③　保育を具体的に考えていくこと

インクルーシブな園環境を目指す

　さて、インクルーシブな保育の考え方に基づいて、園環境を考えてみましょう。さきほどの原則を実現するためには、一人ひとりの子どもの特性や興味・関心に合わせて柔軟に保育を変えていこうとする姿勢が求められます。どの子にとっても「自分は大切にされている」と実感できるような保育をめざします。そのためには、居心地がよいと感じられる環境や、子どもの苦手なことをカバーする環境をつくります。

対象とする子どもは、「クラスにいる子どもたち全員」です。誰もが生活しやすく、遊びやすく、活動に参加できる環境をめざします。

　特に、遊ぶコーナーは、すべての子どもがアクセス可能なコーナーをめざします。「どうやって遊ぶの？」「片づけがめんどくさそう」といった環境では、アクセスできる子どもは限定されます。わかりやすい場所の工夫や片づけやすさへの工夫が必要なのです。

　「（気になる子が）遊び方がわからなければ、保育者に質問をするということも、その子にとって必要なスキルなのでは？」と思ったかもしれません。しかし、保育者が思っている以上に、気になる子は保育者に話しかけるという行為に抵抗を感じています。気になる子の多くは、保育者に助けを求める前に"断念"してしまうのです。

　また、環境調整をする際に、「多数派」に合わせてしまうということがあります。「少数派」に目を向けることができず、多数派を重視してしまいます。多数派に合わせた環境を調整したら、その後、必ず少数派を意識した調整もするようにしましょう。クラスの子どもたちの「数」に着目すると、多数派と少数派のどちらを選ぶといった二者択一の考え方になりがちです。

　インクルーシブな保育で大切なことの１つは、保育のさまざまな場面において二者択一で判断しないことです。理想かもしれませんが、「どちらか」ではなく、可能な限り「どちらも」優先させていってください。

　たとえば、周囲からの刺激に弱く、遊びが次々に変わったり、イライラしたりする子どもがいるとします。この場合、保育者は自分の感覚で環境を考えるのではなく、一番刺激に弱い子に焦点を当てて、「どうすればストレスなく過ごせるのか」ということを念頭に、一人で過ごせるスペースを作ったり、保育室の壁面を減らしたりするなど、環境を整理しましょう。

図 3-1　多数派と少数派

多数派　　　＞　　　少数派
定型発達児　　　　　　気になる子

編著者・執筆者一覧

● 編著者

守 巧（もり・たくみ）

こども教育宝仙大学こども教育学部 教授／特別支援教育士／埼玉県狭山市就学支援委員会委員／狭山市巡回相談員／公益財団法人幼少年教育研究所「気になる子ども」の保育研究部会 会長
聖学院大学大学院人間福祉学研究科修士課程修了。東京都内で幼稚園教諭として10年間勤務する。主な著書に『マンガでわかる 気になる子の保育』『気になる子の保育「伝わる言葉」「伝わらない言葉」 保育者が身につけたい配慮とコミュニケーション』（中央法規出版）、『"気になる子"の気になる保護者 保育者にできるサポート』（編著、チャイルド本社）、『子ども家庭支援論 保育の専門性を子育て家庭の支援に生かす』（編著、萌文書林）など多数。
【担当ページ】第1章、第2章お支度①、着替え①・②、食事①・②、手洗い・うがい、
　　　　　　　トイレ①、午睡①・②、その他①、第3章

● 執筆者（五十音順）

小泉裕子（こいずみ・ゆうこ）

鎌倉女子大学短期大学部初等教育学科 教授
【担当ページ】第2章運動会、室内遊び⑤～⑨・⑮・⑯、外遊び①・②

甲賀崇史（こうが・たかし）

常葉大学保育学部 講師
【担当ページ】第2章お支度⑤、集まり③、食事③・④、トイレ③、午睡④

齊藤勇紀（さいとう・ゆうき）

新潟青陵大学福祉心理子ども学部 教授
【担当ページ】第2章お支度②、集まり①、トイレ②、午睡③、室内遊び⑩・⑫・⑬・⑰・⑱、
　　　　　　　外遊び③・④、廊下②、階段、その他②～④

杉﨑雅子（すぎざき・まさこ）

小田原短期大学保育学科 准教授
【担当ページ】第2章お支度④、着替え③、室内遊び①～④・⑪・⑭

広瀬 由紀（ひろせ・ゆき）

共立女子大学家政学部 教授
【担当ページ】第2章お支度③、集まり②、廊下①、その他⑤・⑥

少しの工夫で変わる！
気になる子が過ごしやすくなる保育の環境構成

2024年6月1日　発行

編著者 ──────── 守 巧
発行者 ──────── 荘村明彦
発行所 ──────── 中央法規出版株式会社
　　　　　　　　〒110-0016　東京都台東区台東3-29-1　中央法規ビル
　　　　　　　　Tel 03 (6387) 3196
　　　　　　　　https://www.chuohoki.co.jp/

装幀 ─────── 松田喬史（Isshiki）
本文デザイン ── 高見澤愛美（Isshiki）
イラスト ─────── いしかわみき

印刷・製本 ─── 株式会社アルキャスト

定価はカバーに表示してあります。
ISBN978-4-8243-0061-4

本書の内容に関するご質問については、下記URLから「お問い合わせフォーム」にご入力いただきますようお願いいたします。
https://www.chuohoki.co.jp/contact/

A061